Altcoins y ICO

Explorando Altcoins y ICO: una guía completa sobre criptomonedas alternativas y ofertas iniciales de monedas

Lucia García

Tabla de contenido

INTRODUCCIÓN 6

CAPÍTULO I : ¿Qué son las Altcoins? 9

Definición y características de Altcoins 9

Diferentes tipos de Altcoins (bifurcaciones de Bitcoin, monedas de privacidad, plataformas de contratos inteligentes, etc.) 12

Descripción histórica de las altcoins destacadas 15

Pros y contras de invertir en Altcoins 19

CAPÍTULO II : Ofertas iniciales de monedas (ICO) 23

Introducción a las ICO 23

Cómo funcionan las ICO (ventas de tokens, recaudación de fondos, documentos técnicos) 26

Entorno regulatorio para las ICO.................................. 30

Historias de éxito y fracasos notables de ICO 33

CAPÍTULO III : Invertir en Altcoins y ICO 38

Realización de investigaciones y diligencia debida 38

Evaluación del potencial de Altcoins y ICO 42

Análisis de documentos técnicos y hojas de ruta 45

Evaluación de equipos de desarrollo y apoyo comunitario 49

CAPÍTULO IV : Carteras Altcoin y seguridad 53

Tipos de billeteras criptográficas (calientes, frías, hardware, software) 53

Mejores prácticas para asegurar inversiones en Altcoin 56

Protección contra estafas e intentos de phishing 59

CAPÍTULO V : Estrategias comerciales de Altcoin 63

Comprender las tendencias del mercado de altcoins ... 63

Análisis técnico para el comercio de Altcoins 67

Análisis fundamental para el comercio de altcoins 70

Desarrollo de una estrategia comercial personalizada . 73

CAPÍTULO VI : Adopción y casos de uso de Altcoin 77

Altcoins en comercio electrónico y venta minorista 77

Integración de Altcoin en juegos y entretenimiento 80

Altcoins para remesas y pagos transfronterizos 83

Aplicaciones de Altcoin en finanzas descentralizadas (DeFi) 86

CAPÍTULO VII : Regulaciones y consideraciones legales de Altcoin 90

Panorama regulatorio global para Altcoins y ICO 90

Obligaciones de cumplimiento y presentación de informes para inversores de Altcoin 95

Implicaciones fiscales de las inversiones en Altcoin ... 100

CAPÍTULO VIII : Riesgos y desafíos de la inversión en Altcoin 107

Volatilidad y fluctuaciones del mercado 107

Preocupaciones de seguridad e incidentes de piratería 112

Falta de regulación y protección a los inversores 116

CAPÍTULO IX : Perspectivas futuras para Altcoins y ICO 122

Tendencias que dan forma al mercado de altcoins 122

Impacto potencial de las monedas digitales del banco central (CBDC) 133

Evolución de las ICO y las ventas de tokens 139

CONCLUSIÓN 145

Resumen de puntos clave 145

Reflexiones finales sobre las inversiones en Altcoin y ICO 160

INTRODUCCIÓN

Las criptomonedas han surgido como una fuerza revolucionaria en el panorama financiero que cambia rápidamente, alterando la forma en que vemos y usamos el dinero. Las altcoins y las ofertas iniciales de monedas (ICO), que han marcado el comienzo de una nueva era de posibilidades en el campo de la tecnología blockchain, están a la vanguardia de esta revolución digital.

Bienvenido a "Altcoins y ICO: Exploración de Altcoins y ICO: una guía completa sobre criptomonedas alternativas y ofertas iniciales de monedas". En este libro electrónico, emprendemos una búsqueda para explorar el fascinante mundo de las criptomonedas alternativas y el innovador método de financiación de la oferta inicial de monedas (ICO).

La tecnología Blockchain se hizo ampliamente conocida gracias a la criptomoneda Bitcoin, que fue la primera de su tipo. Sin embargo, Bitcoin fue sólo el comienzo. El mercado de las criptomonedas creció rápidamente, dando lugar a una amplia gama de activos digitales innovadores conocidos como altcoins. Estas "monedas alternativas", a menudo conocidas como "altcoins", son una parte esencial y fascinante del ecosistema de las criptomonedas debido a sus características distintivas, casos de uso y comunidades.

Las ofertas iniciales de monedas han cambiado por completo la forma en que los proyectos obtienen capital, incluso cuando las altcoins todavía demuestran la enorme promesa de la tecnología blockchain. Con la ayuda de las ICO, los emprendedores y las empresas basadas en blockchain pueden acceder a capital en todo el mundo, lo que hace posible que cualquier persona con una conexión a Internet participe y forme parte de la próxima gran idea disruptiva.

Desmitificaremos el mundo de las altcoins y las ofertas iniciales de monedas (ICO) en este libro electrónico destacando su funcionamiento interno, enfoques de inversión y efectos en numerosas empresas. Este libro electrónico está creado para brindarle la información y los recursos que necesita para navegar con confianza en el mercado de altcoins, ya sea que sea un entusiasta experimentado de las criptomonedas que busca diversificar su cartera o un principiante cautivado por las posibilidades aparentemente infinitas de la tecnología blockchain.

Comenzamos aprendiendo más sobre los distintos tipos de altcoins y qué son en realidad. Exploraremos los antecedentes de altcoins conocidas, identificaremos sus ventajas y desventajas y hablaremos sobre las recompensas y los riesgos de invertir en estos activos virtuales.

Luego se explorará en detalle el mundo de las ofertas iniciales de monedas, brindándole una comprensión profunda de cómo funcionan estas ventas de tokens, su importancia en la industria de las criptomonedas y sus cuestiones regulatorias. Al examinar de cerca las ofertas exitosas y menos exitosas, adquiriremos conocimientos esenciales sobre los elementos que pueden conducir al éxito o al fracaso de una ICO.

Tomar decisiones informadas y tener una buena base de conocimientos son requisitos previos para invertir en altcoins y participar en ofertas iniciales de monedas (ICO). Para lograr esto, le proporcionaremos los recursos necesarios para llevar a cabo una investigación exhaustiva y la debida diligencia, lo que le permitirá evaluar de manera efectiva el potencial de los proyectos Altcoin y las ICO.

En el ámbito de las criptomonedas, la seguridad es de suma importancia. Revisaremos los distintos tipos de billeteras y los procedimientos recomendados para proteger sus activos digitales. También hablaremos sobre los riesgos y dificultades actuales que experimentan los inversores de Altcoin, para que pueda navegar con confianza en este mercado fascinante pero impredecible.

Además, veremos cómo se adoptan y utilizan las Altcoins en el mundo real y cómo estas monedas digitales están cambiando sectores como el comercio electrónico, los juegos, las finanzas descentralizadas y los pagos internacionales.

También discutiremos el entorno regulatorio, las cuestiones legales relacionadas con las ICO y las Altcoins, y las posibles implicaciones de los próximos avances en la industria de las criptomonedas, como las monedas digitales del banco central (CBDC), a lo largo de este libro electrónico.

Al finalizar nuestro viaje, nos tomaremos un momento para considerar las tendencias cambiantes en el mercado de altcoins y las perspectivas de este sector próspero y en rápida evolución.

Entonces, abróchese el cinturón mientras comenzamos una exploración fascinante de las altcoins y las ofertas iniciales de monedas. Una vez que haya terminado de leer esta guía, tendrá la información y la comprensión necesarias para tomar decisiones acertadas en el mundo de las criptomonedas en constante evolución. ¡Sumerjámonos y exploremos las innumerables oportunidades que nos esperan!

CAPÍTULO I

¿Qué son las Altcoins?

Definición y características de Altcoins

El rápido ascenso de las criptomonedas, encabezado por el revolucionario Bitcoin, ha desencadenado una ola transformadora en el mundo financiero. Cuando Bitcoin sentó las bases para una moneda digital descentralizada, también allanó el camino para el surgimiento de una amplia gama de criptomonedas alternativas, comúnmente conocidas como "Altcoins". En esta sección, exploraremos la definición y las características de Altcoins, arrojando luz sobre sus distintas características, propósitos y roles en el panorama en constante evolución de la tecnología blockchain.

Las altcoins, abreviatura de "monedas alternativas", representan muchas criptomonedas además de Bitcoin. Si bien Bitcoin sigue siendo pionero, las Altcoins diversifican el mercado de las criptomonedas con sus atributos y funcionalidades únicos. Cada Altcoin posee una tecnología subyacente, un mecanismo de consenso y un caso de uso distintos, lo que los diferencia de otros en el ecosistema de la moneda digital.

Una de las características clave que diferencian a las Altcoins entre sí y de Bitcoin es su tecnología subyacente. Si bien Bitcoin se basa en el innovador mecanismo de consenso de prueba de trabajo (PoW), muchas Altcoins han adoptado métodos alternativos. Por ejemplo, Ethereum, una Altcoin destacada, utiliza el innovador mecanismo de consenso de prueba de participación (PoS), que es más eficiente energéticamente y recompensa a los participantes en función de la cantidad de monedas que poseen. Además, algunas Altcoins exploran algoritmos de consenso únicos como Prueba de participación delegada (DPoS) y Tolerancia a fallas bizantinas (BFT), cada uno diseñado para abordar desafíos específicos en el espacio criptográfico.

Las altcoins no son sólo clones de Bitcoin; a menudo tienen propósitos específicos dentro del ecosistema blockchain. Algunas Altcoins están diseñadas como efectivo digital, con el objetivo de mejorar la escalabilidad y las limitaciones de velocidad de transacción de Bitcoin. Otros se centran en mejorar la privacidad y el anonimato, abordando las preocupaciones de transparencia presentes en muchas cadenas de bloques públicas. Por ejemplo, Monero y Zcash son conocidos por sus sólidas funciones de privacidad, que permiten a los usuarios realizar transacciones sin revelar el remitente, el destinatario o el monto de la transacción.

Ethereum, el pionero de las plataformas de contratos inteligentes, abrió la puerta a un mundo de aplicaciones descentralizadas (DApps) y activos digitales programables. Altcoins como Cardano, EOS y Tron han seguido su ejemplo y ofrecen sólidas capacidades de contratos inteligentes. Estas plataformas permiten a los desarrolladores crear e implementar aplicaciones descentralizadas, proporcionando un terreno fértil para la innovación en diversas industrias, como las finanzas, la cadena de suministro y los juegos.

Las altcoins también van más allá de las monedas digitales, y muchas representan activos y tokens digitales. Estos tokens pueden simbolizar la propiedad de activos del mundo real, facilitar la recaudación de fondos a través de ofertas iniciales de monedas (ICO) o servir como tokens de utilidad dentro de plataformas específicas. La versatilidad de las Altcoins en la tokenización ha desempeñado un papel crucial a la hora de democratizar el acceso a oportunidades de inversión y revolucionar los modelos financieros tradicionales.

La presencia de Altcoins en el ecosistema criptográfico estimula una sana competencia e innovación. Las características únicas de cada Altcoin alientan a los desarrolladores a mejorar continuamente las tecnologías existentes, lo que lleva a avances en la escalabilidad, seguridad y usabilidad de blockchain. Esta competencia continua contribuye al crecimiento y la maduración general del espacio de las criptomonedas.

Para los inversores y entusiastas de las criptomonedas, las Altcoins ofrecen una forma de diversificar sus carteras más allá de Bitcoin. Como el mercado de las criptomonedas es conocido por su volatilidad, tener una gama diversa de Altcoins puede mitigar el riesgo y potencialmente generar mayores rendimientos. Sin embargo, el rendimiento de las altcoins puede variar significativamente, por lo que es fundamental realizar una investigación exhaustiva antes de invertir.

En conclusión, las Altcoins, como criptomonedas alternativas a Bitcoin, exhiben diversas características y funcionalidades que las distinguen en el panorama de los activos digitales. Sus diferencias tecnológicas, casos de uso y roles en el ecosistema criptográfico contribuyen a una industria blockchain dinámica y en evolución. A medida que las Altcoins continúan creciendo, los inversores, desarrolladores y entusiastas deben mantenerse informados sobre los atributos únicos de cada Altcoin para tomar decisiones informadas y aprovechar todo el potencial de esta tecnología transformadora. Adoptar Altcoins significa aceptar la diversidad y la innovación que definen el futuro de las criptomonedas.

Diferentes tipos de Altcoins (bifurcaciones de Bitcoin, monedas de privacidad, plataformas de contratos inteligentes, etc.)

En el vertiginoso mundo de las criptomonedas, la aparición de Bitcoin desató una revolución global en la moneda digital descentralizada. Sin embargo, a medida que el mercado de las criptomonedas se expandió, también lo hizo la diversidad de activos digitales. Estas criptomonedas alternativas, acertadamente denominadas "Altcoins", representan una multitud de características y funcionalidades únicas. Esta sección explorará los diferentes tipos de Altcoins, incluidas las bifurcaciones de Bitcoin, las monedas de privacidad, las plataformas de contratos inteligentes y más, revelando el vasto panorama de innovación y posibilidades dentro del ecosistema criptográfico.

La naturaleza de código abierto de Bitcoin permite la creación de nuevas criptomonedas mediante un proceso llamado "bifurcación". Una bifurcación dura ocurre cuando la cadena de bloques sufre un cambio radical, creando una nueva Altcoin con una red separada. Ejemplos notables incluyen Bitcoin Cash (BCH) y Bitcoin SV (BSV), los cuales surgieron de bifurcaciones duras del

Bitcoin original. Las bifurcaciones duras a menudo están impulsadas por diferencias ideológicas o la necesidad de mejorar la escalabilidad y la velocidad de las transacciones.

A diferencia de las bifurcaciones duras, las bifurcaciones suaves son actualizaciones compatibles con versiones anteriores del protocolo Bitcoin que no crean una cadena de bloques separada. En cambio, imponen nuevas reglas que deben seguir los nodos de la red. Segregated Witness (SegWit) es un ejemplo de bifurcación suave que tenía como objetivo abordar los problemas de escalabilidad de Bitcoin mediante la reestructuración de los datos de las transacciones. Los soft forks aseguran la continuidad en la red Bitcoin, impidiendo la creación de nuevas Altcoins.

Las monedas de privacidad se centran en mejorar la confidencialidad de las transacciones y las identidades de los usuarios de la cadena de bloques. Monero, una Altcoin líder centrada en la privacidad, utiliza técnicas criptográficas de vanguardia como firmas de anillo y direcciones ocultas para ofuscar los detalles de las transacciones. Esto garantiza que el remitente, el destinatario y el monto de la transacción permanezcan privados, lo que convierte a Monero en la opción preferida para los usuarios que buscan mayor privacidad y anonimato.

Zcash es otra moneda de privacidad destacada que ofrece dos tipos de transacciones: transparentes y protegidas. Las transacciones transparentes son similares a Bitcoin, ya que brindan visibilidad pública, mientras que las transacciones protegidas utilizan pruebas de conocimiento cero para ocultar los detalles de la transacción. Zcash permite a los usuarios elegir entre transparencia y privacidad, logrando un equilibrio entre cumplimiento normativo y anonimato.

Ethereum, quizás la plataforma de contratos inteligentes más conocida, introdujo el concepto de aplicaciones descentralizadas (DApps) y contratos inteligentes en el espacio criptográfico. La cadena de bloques de Ethereum permite a los desarrolladores crear e implementar contratos inteligentes autoejecutables, que automatizan procesos sin necesidad de intermediarios. Esta innovación condujo al rápido crecimiento de las DApps en diversas industrias, desde las finanzas descentralizadas (DeFi) hasta los tokens no fungibles (NFT).

Cardano es otra plataforma de contratos inteligentes que enfatiza la investigación académica y un enfoque revisado por pares para su desarrollo. Emplea una arquitectura en capas para mejorar la escalabilidad y la seguridad al mismo tiempo que admite DApps y tokens. El compromiso de Cardano con el rigor científico y la sostenibilidad lo distingue como un actor prometedor en el espacio de los contratos inteligentes.

Los tokens de utilidad son un tipo de Altcoin que tiene un propósito específico dentro de una plataforma blockchain en particular. Binance Coin, nativo del intercambio Binance , es un excelente ejemplo de token de utilidad. BNB ofrece varios beneficios, incluidas tarifas comerciales reducidas y participación en ventas de tokens en Binance Launchpad. A medida que el intercambio expande su ecosistema, la utilidad de BNB crece, consolidando su valor para los usuarios.

Chainlink es un token de utilidad que impulsa la red de Oracle descentralizada Chainlink , cerrando la brecha entre los contratos inteligentes y los datos del mundo real. Permite que los contratos inteligentes accedan a información externa de forma segura y confiable. Con la creciente demanda de datos confiables en el espacio DeFi, la utilidad de Chainlink ha contribuido a su adopción generalizada y apreciación de valor.

Las monedas estables son criptomonedas diseñadas para mantener un valor estable, a menudo vinculadas a monedas fiduciarias como el dólar estadounidense. USDC

(USD Coin) es una moneda estable basada en Ethereum que mantiene una vinculación 1:1 con el dólar estadounidense, lo que ofrece a los operadores un medio para navegar la volatilidad de las criptomonedas sin dejar de participar en mercados basados en blockchain.

Tether es otra moneda estable ampliamente utilizada, que opera en varias cadenas de bloques, incluidas Ethereum y TRON. La popularidad del USDT radica en su liquidez y accesibilidad, lo que proporciona un refugio seguro para los operadores que buscan una unidad de cuenta familiar en el volátil mercado de las criptomonedas.

El mundo de las Altcoins es un universo en constante expansión, rico en diversidad e innovación. Desde bifurcaciones de Bitcoin y monedas de privacidad que enfatizan el anonimato del usuario hasta plataformas de contratos inteligentes que impulsan aplicaciones descentralizadas, cada tipo de Altcoin aporta características y funcionalidades únicas al ecosistema blockchain. Los tokens de utilidad y las monedas estables mejoran aún más la utilidad y la estabilidad del mercado de cifrado. A medida que este panorama dinámico continúa evolucionando, no se puede subestimar el papel de las Altcoins en la configuración del futuro de las finanzas y la tecnología. Como inversores y entusiastas, comprender los diferentes tipos de Altcoins nos permite explorar y aprovechar todo el potencial de esta tecnología transformadora, impulsando la revolución de las criptomonedas hacia territorios inexplorados.

Descripción histórica de las altcoins destacadas

A medida que el mercado de las criptomonedas maduró, la proliferación de criptomonedas alternativas, o "Altcoins", se convirtió en un sello distintivo de la revolución digital. Cada Altcoin introdujo características novedosas, casos de uso e innovaciones que ampliaron el ámbito de posibilidades más allá del pionero Bitcoin. En esta sección, nos embarcamos en un viaje histórico, rastreando el surgimiento y desarrollo de Altcoins prominentes que han impactado significativamente el panorama criptográfico.

Una de las primeras Altcoins en aparecer fue Litecoin, que Charlie Lee, un ex programador de Google, lanzó en octubre de 2011. Inspirándose en Bitcoin, Litecoin pretendía abordar algunas de las limitaciones de su predecesor, como la velocidad de transacción y la escalabilidad. La adopción por parte de Litecoin del algoritmo hash Scrypt permitió una generación de bloques más rápida, lo que redujo significativamente los tiempos de confirmación de transacciones.

A medida que Litecoin ganó terreno, se convirtió en la opción preferida para las transacciones debido a sus tiempos de bloqueo más rápidos. Además, Litecoin jugó un papel fundamental en las pruebas de Segregated Witness (SegWit), una importante actualización del protocolo que luego influyó en las mejoras de escalabilidad de Bitcoin. La exitosa activación de SegWit en la red de Litecoin reforzó su reputación como campo de pruebas para tecnologías innovadoras de blockchain.

Ripple Labs presentó XRP Ledger y su criptomoneda nativa, XRP, en 2012. A diferencia de las cadenas de bloques tradicionales de prueba de trabajo, el mecanismo de consenso de XRP se basaba en un protocolo único conocido como Algoritmo de Consenso del Protocolo Ripple (RPCA). Este diseño facilitó transacciones transfronterizas más rápidas y eficientes que los sistemas financieros tradicionales.

La capacidad de Ripple para liquidar transacciones transfronterizas en segundos atrajo colaboraciones con instituciones financieras y procesadores de pagos de todo el mundo. Sus asociaciones con importantes actores como American Express y Santander subrayaron el potencial de Ripple para revolucionar la industria global de remesas. Sin embargo, los desafíos regulatorios de Ripple relacionados con la clasificación de XRP como valor afectaron su viaje.

Propuesto por Vitalik Buterin en 2013 y lanzado en 2015, Ethereum introdujo un concepto innovador: los contratos inteligentes. La cadena de bloques de Ethereum permitió a los desarrolladores crear e implementar contratos autoejecutables, automatizando varios procesos sin intermediarios. Esta innovación provocó una ola de aplicaciones descentralizadas (DApps) y ofertas iniciales de monedas (ICO).

La introducción de contratos inteligentes y DApps provocó una proliferación de proyectos construidos en la plataforma Ethereum. El auge de las ICO en 2017 demostró el potencial de Ethereum como mecanismo de recaudación de fondos para las nuevas empresas de blockchain. Sin embargo, la afluencia de ICO también generó preocupaciones sobre estafas y desafíos regulatorios, lo que provocó un mayor escrutinio por parte de las autoridades.

Lanzada originalmente como " Xcoin " en 2014, luego rebautizada como " Darkcoin " y finalmente como "Dash", esta Altcoin buscaba abordar los problemas de privacidad y gobernanza que prevalecían en las primeras criptomonedas. Dash introdujo una red de dos niveles con " Masternodes ", que proporciona privacidad de transacciones mejorada y facilita la gobernanza descentralizada a través de un sistema de tesorería.

Los Masternodes de Dash desempeñaron un papel crucial en la gobernanza de la red, dando a los usuarios una participación en los procesos de toma de decisiones y propuestas de financiación. Este modelo fomentó una comunidad fuerte y comprometida que contribuyó activamente al desarrollo y la expansión del ecosistema de Dash.

En 2014, un grupo de defensores de la privacidad lanzó Monero para proporcionar un sólido anonimato en las transacciones en blockchain. Monero adoptó el protocolo CryptoNote , utilizando firmas de anillo y direcciones ocultas para ofuscar los detalles de las transacciones y garantizar la privacidad del usuario.

El enfoque de Monero en la privacidad y la fungibilidad lo convirtió en la opción preferida de los usuarios que buscan una mayor confidencialidad en las transacciones. Su compromiso con la privacidad resultó en su adopción en los mercados de la red oscura, lo que generó elogios y críticas de diferentes sectores.

La descripción histórica de las Altcoins destacadas destaca la naturaleza vibrante y dinámica del panorama de las criptomonedas. Desde la búsqueda de Litecoin de transacciones más rápidas hasta la introducción de contratos inteligentes y DApps por parte de Ethereum , cada Altcoin ha labrado su camino único en el mundo de las criptomonedas. La visión de Ripple para transformar los pagos transfronterizos, el sistema de gobernanza pionero de Dash y la defensa de Monero de las transacciones centradas en la privacidad muestran la diversidad de casos de uso y funcionalidades dentro del espacio Altcoin.

A medida que el mercado de las criptomonedas se desarrolla aún más, es esencial reconocer las contribuciones de estas Altcoins para impulsar la innovación y ampliar los límites de la tecnología descentralizada. El viaje de cada Altcoin revela la interacción siempre presente de los avances tecnológicos, el apoyo de la comunidad y las consideraciones regulatorias, que dan forma al futuro de la revolución criptográfica.

Como inversores, desarrolladores y entusiastas, comprender el contexto histórico y la evolución de Altcoins destacadas nos permite navegar por el panorama criptográfico en constante cambio con conocimiento y visión, contribuyendo al crecimiento y maduración continuos de esta industria transformadora.

Pros y contras de invertir en Altcoins

A medida que el mercado de las criptomonedas se expande, los inversores tienen muchas oportunidades más allá del pionero Bitcoin. Estas criptomonedas alternativas, conocidas como Altcoins, ofrecen características únicas, casos de uso y potencial para generar retornos sustanciales. Sin embargo, invertir en Altcoins conlleva promesas y riesgos. En esta sección se tratarán las ventajas y desventajas de invertir en altcoins, lo que permitirá a los inversores navegar por el volátil mercado de las criptomonedas con conocimiento.

La posibilidad de obtener ganancias sustanciales es una de las principales razones por las que los inversores se sienten atraídos por las altcoins. Si bien Bitcoin sigue siendo una reserva de valor popular, muchas Altcoins han experimentado un crecimiento explosivo de precios, superando a Bitcoin durante ciertos períodos. Los primeros inversores en Altcoins con sólidos fundamentos y adopción han obtenido beneficios sustanciales.

Agregar Altcoins a una cartera de inversiones brinda beneficios de diversificación. Como la correlación del mercado de criptomonedas con los activos tradicionales sigue siendo relativamente baja, las Altcoins pueden actuar como cobertura contra la volatilidad del mercado y la inflación. Diversificar entre diferentes Altcoins puede reducir el riesgo general de inversión y aumentar el potencial de crecimiento general de la cartera.

Las altcoins suelen ser pioneras en avances tecnológicos más allá de Bitcoin. Las plataformas de contratos inteligentes como Ethereum introdujeron capacidades de blockchain programables, lo que permitió la creación de aplicaciones descentralizadas (DApps). Las monedas de privacidad han abordado la necesidad de transacciones confidenciales, mientras que otras se centran en soluciones de escalabilidad. Invertir en Altcoins puede respaldar proyectos que contribuyan al ecosistema blockchain más amplio.

A medida que evoluciona el mercado de las criptomonedas, continuamente surgen nuevas Altcoins con conceptos innovadores y casos de uso prometedores. Invertir tempranamente en este tipo de proyectos puede ofrecer la ventaja de ingresar a un precio más bajo, lo que potencialmente permitirá obtener mayores recompensas a medida que el proyecto gane impulso y adopción.

Su mayor riesgo y volatilidad coinciden con el potencial de las altcoins para obtener mayores rendimientos. Muchas Altcoins están sujetas a rápidas fluctuaciones de precios, a menudo impulsadas por el comercio especulativo y el sentimiento del mercado. La falta de antecedentes establecidos y los menores niveles de liquidez pueden exacerbar estas oscilaciones de precios, generando pérdidas significativas para los inversores.

La proliferación de Altcoins ha provocado la saturación del mercado, lo que dificulta la identificación de proyectos legítimos con potencial a largo plazo. Los estafadores a menudo explotan el entusiasmo de los inversores, crean proyectos falsos y realizan ofertas iniciales de monedas (ICO) fraudulentas. Una investigación exhaustiva y la debida diligencia son esenciales para evitar este tipo de estafas.

Las inversiones en altcoins están sujetas a entornos regulatorios en evolución en todo el mundo. Las diferentes jurisdicciones tienen distintos enfoques respecto de las criptomonedas y los cambios regulatorios pueden afectar las valoraciones de Altcoin y la capacidad de comerciar en determinadas plataformas. Los inversores deben mantenerse informados sobre el panorama legal y los posibles requisitos de cumplimiento.

No todos los proyectos de Altcoin lograrán los objetivos previstos. Algunos pueden enfrentar desafíos técnicos, disputas de gobernanza o dificultades para lograr la adopción por parte de los usuarios. El fracaso de un proyecto Altcoin puede resultar en una pérdida total de la inversión.

Los inversores deberían investigar a fondo los proyectos de Altcoin antes de invertir. Analizar los documentos técnicos, explorar las credenciales de los equipos de desarrollo y examinar la comunidad y los casos de uso del proyecto son esenciales para evaluar la viabilidad de un proyecto.

Una gestión prudente del riesgo incluye limitar el porcentaje de la cartera de inversiones asignado a Altcoins. Diversificar en múltiples Altcoins con fundamentos sólidos y diferentes perfiles de riesgo puede distribuir el riesgo y aumentar el potencial de rentabilidad.

Invertir en Altcoins requiere una perspectiva a largo plazo. El mercado de las criptomonedas es volátil y las fluctuaciones a corto plazo no deberían dictar las decisiones de inversión. La paciencia y la convicción en la visión de un proyecto son esenciales para el éxito a largo plazo.

Invertir en Altcoins presenta tanto oportunidades como riesgos. El potencial de beneficios de diversificación, mayores rendimientos y contribuciones a los avances tecnológicos atraen a los inversores al dinámico mundo de las criptomonedas alternativas. Sin embargo, el mayor riesgo y la volatilidad, la saturación del mercado, la incertidumbre regulatoria y los desafíos a la viabilidad de los proyectos requieren una consideración cautelosa.

Para navegar con éxito en el mercado de Altcoin, los inversores deben realizar una investigación exhaustiva, practicar la gestión de riesgos y mantener una perspectiva a largo plazo. La revolución de las criptomonedas continúa evolucionando y las Altcoins desempeñan un papel importante en la configuración del futuro de las finanzas y la tecnología.

A medida que los inversores aprovechan las oportunidades que ofrecen las Altcoins, es esencial reconocer los riesgos inherentes y abordar las decisiones de inversión con prudencia y juicio informado. Al sopesar cuidadosamente los pros y los contras, los inversores pueden tomar decisiones acertadas y participar en el potencial transformador del ecosistema Altcoin mientras minimizan la exposición a posibles obstáculos.

CAPÍTULO II

Ofertas iniciales de monedas (ICO)

Introducción a las ICO

Las Ofertas Iniciales de Monedas (ICO), un método innovador de recaudación de fondos que alteró la forma en que las empresas y los proyectos acceden a la financiación, fueron posibles gracias a la aparición de la tecnología blockchain. Las ICO proporcionaron un enfoque novedoso y descentralizado para la recaudación de fondos, permitiendo a los empresarios y desarrolladores conectarse directamente con una audiencia global de inversores. En esta sección, exploraremos el concepto y la mecánica de las ICO, su importancia en el espacio criptográfico y su impacto en los métodos tradicionales de recaudación de fondos.

La Oferta Inicial de Monedas, o ICO, es un método de financiación colectiva que aprovecha la tecnología blockchain para recaudar fondos para un proyecto o una startup. Durante una ICO, el equipo del proyecto emite una nueva criptomoneda o token a los inversores interesados a cambio de criptomonedas establecidas, como Bitcoin (BTC), Ethereum (ETH) o, a veces, monedas fiduciarias.

Las ICO suelen ir acompañadas de documentos detallados conocidos como documentos técnicos, que describen los objetivos del proyecto, los detalles técnicos y el problema que pretende resolver. Estos documentos técnicos sirven como recurso informativo para inversores potenciales, proporcionando información sobre la viabilidad y el potencial de crecimiento del proyecto.

Antes de lanzar una ICO, el equipo del proyecto sienta las bases desarrollando el concepto, construyendo un prototipo o Producto Mínimo Viable (MVP) y realizando una investigación de mercado. También crean el documento técnico, que detalla la visión del proyecto, las especificaciones técnicas y los beneficios de invertir en la ICO.

Una vez que se completa la preparación previa a la ICO, el equipo del proyecto anuncia la fecha de lanzamiento de la ICO. Durante la ICO, los inversores compran los tokens o monedas del proyecto utilizando criptomonedas establecidas o moneda fiduciaria. El equipo establece un precio de token específico y asigna una cantidad predeterminada de tokens para la venta. La ICO puede tener diferentes etapas, con ofertas de tokens de bonificación para los primeros participantes.

Una vez finalizada la ICO, el equipo del proyecto utiliza los fondos recaudados para desarrollar el proyecto y hacer realidad su visión. Una vez completados los hitos de desarrollo del proyecto, el equipo distribuye los tokens comprados a las billeteras de los inversores. Estos tokens luego pueden ser utilizados por el ecosistema del proyecto o intercambiados en intercambios de criptomonedas.

Las ICO democratizaron el acceso al capital al permitir que proyectos y nuevas empresas recaudaran fondos de una audiencia global sin intermediarios. Este enfoque descentralizado abrió puertas a emprendedores y desarrolladores de todo el mundo, independientemente de su ubicación geográfica o redes financieras tradicionales.

Las ICO fomentaron una cultura de innovación y disrupción, permitiendo que proyectos con ideas innovadoras obtuvieran financiación y hicieran realidad sus visiones. El auge de las ICO de 2017 vio el aumento de proyectos que exploraban aplicaciones descentralizadas (DApps), finanzas descentralizadas (DeFi), tokens no fungibles (NFT) y varios otros casos de uso más allá de las criptomonedas.

A medida que las ICO ganaron popularidad, surgieron preocupaciones regulatorias. Muchos países emitieron advertencias o introdujeron regulaciones para proteger a los inversores de posibles estafas o proyectos fraudulentos. Algunas jurisdicciones exigieron a los emisores de ICO que cumplieran con las leyes de valores existentes, lo que generó dudas sobre la clasificación de los tokens.

Para abordar las preocupaciones regulatorias, algunos proyectos adoptaron Ofertas de tokens de seguridad (STO), que ofrecen tokens clasificados como valores. Las STO cumplen con las leyes de valores establecidas, brindando a los inversores mayores protecciones legales y rendimientos potencialmente más estables.

Las historias de éxito de ICO incluyen Ethereum, que recaudó fondos en su ICO y desarrolló una sólida plataforma de contratos inteligentes, impulsando un crecimiento significativo en la industria blockchain. Otros proyectos, como EOS y Tezos , también lograron un éxito notable en sus ICO, recaudando importantes fondos para su desarrollo.

Sin embargo, el mercado de ICO también fue testigo de varios fracasos y estafas. Algunos proyectos no cumplieron sus promesas, lo que provocó la pérdida de fondos de los inversores. Además, las ICO fraudulentas y las estafas de salida dañaron la confianza de los inversores y atrajeron el escrutinio regulatorio.

En conclusión, las Ofertas Iniciales de Monedas (ICO) han alterado el panorama tradicional de recaudación de fondos, ofreciendo un enfoque de recaudación de capital descentralizado e innovador. Las ICO han democratizado el acceso al capital y han empoderado a empresarios y desarrolladores de todo el mundo al proporcionar una conexión directa entre proyectos e inversores.

Si bien las ICO han permitido proyectos innovadores y avances tecnológicos, también han enfrentado desafíos, incluida la incertidumbre regulatoria y la proliferación de estafas. Los inversores deben actuar con cautela a medida que evoluciona el espacio criptográfico, realizar investigaciones exhaustivas y mantenerse informados sobre el panorama legal y regulatorio.

A pesar de los desafíos, las ICO siguen siendo una fuerza importante en el espacio criptográfico y dan forma al futuro de las finanzas y la tecnología. A medida que los inversores y los proyectos navegan por las oportunidades y riesgos que presentan las ICO, el potencial transformador de este innovador mecanismo de recaudación de fondos continúa desarrollándose, impulsando el crecimiento y la maduración de la industria blockchain.

Cómo funcionan las ICO (ventas de tokens, recaudación de fondos, documentos técnicos)

Las ofertas iniciales de monedas (ICO) se han convertido en un método revolucionario de recaudación de fondos en el ámbito de la tecnología blockchain. Las ICO permiten a proyectos y nuevas empresas recaudar fondos directamente de una audiencia global mediante la emisión de nuevas criptomonedas o tokens. En esta sección, profundizaremos en la mecánica de cómo funcionan las ICO, explorando los procesos de venta de tokens, recaudación de fondos y la importancia de los documentos técnicos en este panorama de recaudación de fondos descentralizada.

El primer paso para lanzar una ICO es crear los tokens o monedas nativos del proyecto. Estos tokens a menudo se desarrollan en plataformas blockchain existentes como Ethereum (tokens ERC-20) o Binance Smart Chain (tokens BEP-20) y representan los activos digitales o la utilidad del proyecto dentro de su ecosistema.

Las ICO suelen consistir en diferentes fases de venta, cada una de las cuales ofrece diferentes bonificaciones o descuentos a los primeros inversores. Las fases de venta pueden incluir una venta privada, en la que se vende un número limitado de tokens a los primeros inversores, y una venta pública, que abre la ICO al público en general.

Para facilitar la ICO, los equipos del proyecto utilizan contratos inteligentes, código autoejecutable en la cadena de bloques, para automatizar la distribución de tokens. Los contratos inteligentes garantizan que los inversores reciban sus tokens automáticamente y que la ICO cumpla con sus reglas y parámetros predefinidos.

Durante la ICO, los inversores compran los tokens del proyecto enviando criptomonedas establecidas como Bitcoin (BTC) o Ethereum (ETH) a una dirección de billetera designada. El equipo del proyecto especifica el tipo de cambio entre los tokens del proyecto y las criptomonedas aceptadas.

Las ICO a menudo establecen objetivos de recaudación de fondos con un límite flexible y un límite estricto. El límite blando representa la cantidad mínima de fondos que el proyecto necesita para continuar con el desarrollo, mientras que el límite estricto es la cantidad máxima que el proyecto pretende recaudar. La ICO concluye cuando se alcanza el límite máximo o expira el límite de tiempo predeterminado.

En algunos casos, las ICO emplean servicios de depósito en garantía para retener los fondos de los inversores hasta que se cumplan ciertos hitos. Además, se puede aplicar la adquisición de tokens, lo que restringe la transferencia de tokens a los inversores durante un período específico después de que concluya la ICO, lo que garantiza que el equipo siga comprometido con el éxito del proyecto.

Los documentos técnicos son documentos detallados que describen la visión, los objetivos, las especificaciones técnicas y los detalles de recaudación de fondos del proyecto. Sirven como un recurso informativo crucial para inversores potenciales, proporcionando información sobre la viabilidad y el potencial de crecimiento del proyecto.

Los documentos técnicos detallan los aspectos técnicos del proyecto, incluida la tecnología blockchain subyacente, el mecanismo de consenso y la tokenómica . También explican los casos de uso de los tokens del proyecto y cómo se utilizarán dentro del ecosistema del proyecto.

Un documento técnico bien elaborado demuestra transparencia y credibilidad, e infunde confianza en los inversores potenciales. Muestra la experiencia del equipo del proyecto, aborda desafíos potenciales y describe una hoja de ruta clara para el desarrollo y los hitos del proyecto.

Los equipos de proyecto deben cumplir con ciertas mejores prácticas para llevar a cabo una ICO exitosa. Estos incluyen tener un equipo de desarrollo sólido con experiencia relevante, realizar investigaciones de mercado exhaustivas, brindar una comunicación clara y transparente con los inversores e implementar medidas de seguridad sólidas para proteger los fondos de los inversores.

Las ICO se han enfrentado a desafíos regulatorios en varias jurisdicciones en todo el mundo. Algunos países han emitido advertencias o introducido regulaciones para proteger a los inversores de posibles estafas o proyectos fraudulentos. La clasificación de los tokens ICO como valores también ha planteado dudas sobre el cumplimiento de las leyes de valores existentes.

En conclusión, las ICO han revolucionado el panorama de la recaudación de fondos, ofreciendo un método descentralizado e innovador para que los proyectos accedan al capital a nivel mundial. Comprender cómo funcionan las ICO, incluidas las ventas de tokens, los mecanismos de recaudación de fondos y la importancia de los documentos técnicos, es crucial para los inversores que buscan participar en este modelo transformador de recaudación de fondos.

Si bien las ICO han presentado oportunidades interesantes para proyectos innovadores y avances tecnológicos, también han encontrado desafíos relacionados con la incertidumbre regulatoria y las actividades fraudulentas. A medida que el espacio criptográfico continúa evolucionando, los proyectos y los inversores deben afrontar estos desafíos con cautela y adherirse a las mejores prácticas.

El potencial transformador de las ICO continúa dando forma al futuro de las finanzas y la tecnología, empoderando a emprendedores y desarrolladores de todo el mundo para hacer realidad sus visiones y contribuir al crecimiento y maduración de la industria blockchain. A medida que se desarrolla la revolución criptográfica, las ICO permanecen a la vanguardia de la innovación, impulsando la democratización del capital y remodelando los paradigmas tradicionales de recaudación de fondos.

Entorno regulatorio para las ICO

La llegada de las Ofertas Iniciales de Monedas (ICO) revolucionó el panorama de la recaudación de fondos, ofreciendo un método descentralizado e innovador para que proyectos y nuevas empresas obtengan capital a nivel mundial. Sin embargo, el crecimiento explosivo de las ICO también atrajo la atención de los reguladores de todo el mundo. A medida que el espacio criptográfico evolucionó, varias jurisdicciones desarrollaron sus marcos regulatorios para abordar la protección de los inversores, combatir las actividades fraudulentas y promover la innovación responsable. En esta sección, exploraremos el entorno regulatorio para las ICO, analizando los diferentes enfoques adoptados por los países y el impacto de las regulaciones en el ecosistema de las ICO.

Las actitudes regulatorias hacia las ICO varían significativamente en todo el mundo. Algunos países han adoptado las ICO para fomentar la innovación y el crecimiento económico, mientras que otros han adoptado una postura cautelosa o restrictiva para proteger a los inversores y mantener la estabilidad financiera.

Las consideraciones regulatorias comunes para las ICO incluyen la clasificación de tokens como valores, protección al consumidor, requisitos contra el lavado de dinero (AML) y conocimiento de su cliente (KYC), impuestos y cumplimiento de las leyes de valores existentes.

La Comisión de Bolsa y Valores de los Estados Unidos tiene una política estricta sobre las ofertas iniciales de monedas. La prueba de Howey se utiliza comúnmente para determinar si un token ICO se considera un valor. Muchas ICO realizadas en los EE. UU. han tenido que registrarse en la SEC o calificar para exenciones según la Regulación D o la Regulación A+ para cumplir con las leyes de valores.

La Unión Europea tiene un panorama regulatorio más variado, y los estados miembros individuales adoptan enfoques diferentes. Para desarrollar un enfoque unificado para la legislación de ICO dentro de la UE, la Autoridad Europea de Valores y Mercados, también conocida como (ESMA), ha publicado una guía sobre la clasificación de tokens.

Suiza se ha convertido en una jurisdicción favorable a las criptomonedas, y su "Crypto Valley" se ha convertido en un centro para las nuevas empresas de blockchain. La Autoridad de Supervisión del Mercado Financiero Suizo (FINMA) ha publicado directrices para clasificar los tokens y dejar claros los requisitos legales para las ofertas iniciales de monedas (ICO).

Singapur ha adoptado las ICO como un mecanismo de recaudación de fondos, proporcionando directrices claras sobre la aplicación de las leyes de valores y las regulaciones ALD a las ICO. La MAS, también conocida como Autoridad Monetaria de Singapur, ha implementado una estrategia progresiva con el objetivo de fomentar la innovación y garantizar la protección de los inversores.

Los entornos regulatorios claros y propicios han brindado certidumbre a los proyectos y a los inversionistas, fomentando la innovación responsable. El cumplimiento normativo puede mejorar la confianza de los inversores, atraer inversiones institucionales y contribuir a la legitimidad del ecosistema de las ICO.

Las regulaciones estrictas pueden crear desafíos para las nuevas empresas y los proyectos que buscan realizar ICO. El cumplimiento de las leyes de valores, KYC y AML puede resultar costoso y complejo, especialmente para proyectos más pequeños. Esto puede conducir a una falta de acceso a capital para proyectos innovadores.

Las diferencias en los enfoques regulatorios entre países han llevado al arbitraje jurisdiccional, donde los proyectos optan por lanzar ICO en jurisdicciones más favorables para evitar regulaciones estrictas. Esto puede crear desafíos para hacer cumplir la protección de los inversores y la coordinación regulatoria global.

Para abordar los desafíos regulatorios, han surgido asociaciones industriales para promover la autorregulación y las mejores prácticas dentro del ecosistema de las ICO. Estas asociaciones colaboran con reguladores y partes interesadas para establecer estándares de transparencia, seguridad y protección de los inversores.

Proyectos destacados han adoptado códigos de conducta voluntarios y prácticas transparentes para generar confianza con sus comunidades e inversores. La transparencia sobre la asignación de tokens, el uso de fondos y los hitos del proyecto puede mejorar la credibilidad y mitigar el escrutinio regulatorio.

El entorno regulatorio para las ICO sigue siendo un aspecto crítico de la evolución del criptoespacio. Si bien algunos países han adoptado las ICO para fomentar la innovación y el crecimiento económico, otros han implementado regulaciones estrictas para proteger a los inversores y mantener la estabilidad financiera.

Los marcos regulatorios claros y de apoyo pueden brindar certeza y confianza a los proyectos e inversores, fomentando la innovación responsable y la legitimidad en el ecosistema de las ICO. Sin embargo, es necesario abordar desafíos como los costos de cumplimiento y el arbitraje jurisdiccional para crear un panorama regulatorio equilibrado.

La autorregulación y las mejores prácticas de la industria son cruciales para generar confianza y transparencia dentro del ecosistema de las ICO. A medida que el espacio criptográfico continúa evolucionando, es esencial que las partes interesadas, incluidos proyectos, inversores, reguladores y asociaciones industriales, colaboren y logren un equilibrio entre fomentar la innovación y salvaguardar los intereses de los inversores en este panorama transformador de recaudación de fondos.

Historias de éxito y fracasos notables de ICO

El auge de las Ofertas Iniciales de Monedas (ICO) generó un modelo transformador de recaudación de fondos que permitió a los proyectos y a las nuevas empresas acceder directamente al capital global. Las ICO presentaron oportunidades de innovación y crecimiento sin precedentes, atrayendo proyectos prometedores y esquemas fraudulentos. En esta sección, exploraremos historias de éxito y fracasos notables de ICO, examinando el impacto de estas innovadoras campañas de recaudación de fondos en el espacio criptográfico y las lecciones que ofrecen a los inversores y equipos de proyectos.

La ICO de Ethereum, realizada en 2014, sigue siendo una de las más influyentes y exitosas en la historia de las criptomonedas. Ethereum introdujo la idea de contratos inteligentes y aplicaciones descentralizadas (DApps), revolucionando el panorama de blockchain. La ICO recaudó aproximadamente 31.000 BTC (alrededor de 18 millones de dólares en ese momento), financiando el desarrollo de la plataforma blockchain de Ethereum. Hoy en día, el ecosistema de Ethereum alberga miles de DApps , una piedra angular de los mercados de finanzas descentralizadas (DeFi) y tokens no fungibles (NFT).

EOS.IO, lanzado por Block.one, llevó a cabo una de las ICO más largas y sustanciales, que duró un año, de 2017 a 2018. El proyecto recaudó más de $4 mil millones de dólares, lo que la convierte en una de las ICO más grandes de la historia. EOS tenía como objetivo abordar los problemas de escalabilidad que enfrentaban las cadenas de bloques anteriores y proporcionar una infraestructura para DApps con alto rendimiento. Los enormes fondos recaudados impulsaron el desarrollo y crecimiento del ecosistema EOS, posicionándolo como un importante competidor de Ethereum.

Binance , uno de los intercambios de criptomonedas más grandes del mundo, llevó a cabo su ICO en 2017, emitiendo Binance Coin (BNB) como el token de utilidad nativo de la plataforma Binance . La ICO de BNB recaudó 15 millones de dólares y desempeñó un papel fundamental en el rápido ascenso del intercambio a la prominencia. BNB ofrece varios beneficios, como tarifas comerciales reducidas en la plataforma y participación en ventas de tokens en Binance Launchpad. A medida que Binance amplió su ecosistema, la utilidad y el valor de BNB se apreciaron significativamente.

Las ICO exitosas se basan en visiones sólidas y hojas de ruta sólidas que describen los objetivos, los detalles técnicos y las estrategias de crecimiento del proyecto. Los proyectos que brindan soluciones innovadoras a problemas del mundo real y tienen un plan de ejecución claro tienden a atraer más inversores y apoyo de la comunidad.

Involucrarse con la comunidad y ser transparente sobre las actualizaciones del proyecto, el uso de los fondos y los hitos fomenta la confianza y la credibilidad. Los proyectos exitosos priorizan la participación de la comunidad, creando una base de usuarios leales que contribuye al crecimiento y éxito del proyecto.

Los proyectos que priorizan el cumplimiento normativo e implementan medidas de seguridad sólidas infunden confianza en los inversores. Abordar las preocupaciones legales y proporcionar un entorno seguro para los inversores son elementos esenciales para el éxito de las ICO.

BitConnect , famoso por su esquema de préstamos tipo Ponzi, llevó a cabo una de las ICO más importantes en 2016. Prometió retornos exorbitantes a los inversores, atrayéndolos con programas de inversión de alto rendimiento. Sin embargo, el proyecto finalmente colapsó, lo que provocó importantes pérdidas financieras para muchos participantes e investigaciones regulatorias.

Prodeum, un proyecto aparentemente legítimo, llevó a cabo una pequeña ICO en 2018, con el objetivo de construir una plataforma de seguimiento de la cadena de suministro de alimentos basada en blockchain. Sin embargo, el proyecto rápidamente se convirtió en una estafa y su sitio web fue reemplazado por la palabra "pene". Este incidente resalta los riesgos de invertir en ICO más pequeñas y menos conocidas sin la debida diligencia.

Centra Tech recaudó 32 millones de dólares en su ICO, prometiendo crear una tarjeta de débito que permitiera gastar criptomonedas en cualquier lugar. El proyecto recibió el respaldo de celebridades, lo que aumentó aún más su visibilidad. Sin embargo, más tarde la SEC acusó a los fundadores de Centra Tech de fraude de valores, ya que tergiversaron asociaciones e información financiera.

Los inversores deben realizar una debida diligencia exhaustiva antes de participar en cualquier ICO. Investigar el equipo, el documento técnico y la viabilidad tecnológica del proyecto ayuda a identificar posibles señales de alerta y estafas.

Los altos rendimientos y las promesas de ganancias garantizadas deberían generar escepticismo . Las ICO que hacen afirmaciones y garantías poco realistas a menudo resultan ser estafas.

Los inversores deberían preferir ICO que prioricen el cumplimiento normativo y la transparencia. Los proyectos que abordan cuestiones jurídicas y priorizan la protección de los inversores tienen más probabilidades de ser fiables y dignos de confianza.

La historia de las ICO es una historia de éxito y fracaso. Proyectos como Ethereum y EOS han dado forma significativa a la industria blockchain, mientras que estafas como BitConnect y Prodeum sirven como advertencia para los inversores. Las historias de éxito notables de ICO ofrecen valiosas lecciones de visión, transparencia y participación comunitaria. Por el contrario, los fracasos de las ICO subrayan la importancia de la debida diligencia, el escepticismo ante promesas poco realistas y la necesidad de cumplimiento normativo.

A medida que evoluciona el espacio criptográfico, las lecciones de las ICO exitosas y los peligros de los fracasos continúan guiando a los inversores y a los equipos de proyectos por igual. Una ICO bien ejecutada, basada en una visión sólida, transparencia y cumplimiento normativo, puede allanar el camino para innovaciones revolucionarias y contribuir al potencial transformador de la tecnología blockchain. Al aplicar estas lecciones, las partes interesadas pueden navegar por el panorama de las ICO con prudencia y contribuir al crecimiento responsable del criptoespacio.

CAPÍTULO III

Invertir en Altcoins y ICO

Realización de investigaciones y diligencia debida

El mercado de las criptomonedas ha experimentado un crecimiento notable, atrayendo inversores con diversas oportunidades más allá del pionero Bitcoin. Las criptomonedas alternativas (Altcoins) y las ofertas iniciales de monedas (ICO) se han convertido en opciones de inversión atractivas. Sin embargo, el potencial de obtener retornos significativos también conlleva mayores riesgos e incertidumbres. Realizar una investigación exhaustiva y la diligencia debida es fundamental para tomar decisiones de inversión informadas. Esta sección explorará los pasos y consideraciones esenciales para realizar investigaciones y diligencias debidas en la inversión en Altcoins y ICO, lo que permitirá a los inversores navegar por el mundo dinámico y transformador de las criptomonedas con conocimiento y confianza.

Las altcoins representan cualquier criptomoneda distinta de Bitcoin. Abarcan varios activos digitales con características, casos de uso y tecnologías únicos. Las ICO, por otro lado, son campañas de recaudación de fondos que permiten a las nuevas empresas y proyectos obtener capital directamente del público mediante la emisión de nuevas criptomonedas o tokens a cambio de criptomonedas establecidas o moneda fiduciaria.

El documento técnico es un documento fundamental que describe la visión, los objetivos, las especificaciones técnicas y la tokenómica del proyecto . Un análisis exhaustivo del documento técnico proporciona información crucial sobre la viabilidad, utilidad y potencial de crecimiento del proyecto. Es fundamental examinar el problema que el proyecto pretende resolver, la solución propuesta y las ventajas competitivas que ofrece sobre las soluciones existentes.

El éxito de un proyecto a menudo depende de las capacidades y experiencia de su equipo de desarrollo. La evaluación de las credenciales, la experiencia y el historial del equipo en la industria brinda confianza en la capacidad del proyecto para ejecutar sus planes de manera efectiva. Es más probable que un equipo capacitado y dedicado supere los desafíos y cumpla las promesas.

Comprender la tecnología blockchain subyacente, las capacidades de los contratos inteligentes y el caso de uso del proyecto es esencial para evaluar el potencial del proyecto para resolver problemas del mundo real y lograr su adopción. Una tecnología robusta y escalable es crucial para el éxito de los proyectos blockchain.

Los inversores deben asegurarse de que la ICO cumpla con los requisitos reglamentarios pertinentes en la jurisdicción del proyecto y el país de residencia del inversor. El cumplimiento de las leyes de valores, las medidas contra el lavado de dinero (AML) y los procedimientos de conocimiento de su cliente (KYC) es vital para la protección de los inversores y el cumplimiento normativo.

Examine la estructura de venta de tokens, incluido el límite máximo (cantidad máxima a recaudar), el límite mínimo (cantidad mínima requerida para que el proyecto avance), los cronogramas de adquisición de derechos (restricción en la transferencia de tokens) y la asignación de tokens. Comprender estos aspectos ayuda a evaluar la planificación financiera del proyecto y el potencial de apreciación del valor simbólico.

Investigar las medidas de seguridad del proyecto y si ha sido sometido a auditorías de seguridad de terceros. Una infraestructura segura es esencial para salvaguardar los fondos de los inversores y protegerlos contra posibles vulnerabilidades.

Invertir en criptomonedas implica riesgos inherentes debido a la volatilidad del mercado. Comprender y evaluar la tolerancia personal al riesgo es crucial para determinar el nivel apropiado de inversión y evitar la exposición más allá del nivel de comodidad.

Diversificar las inversiones en diferentes Altcoins y ICO puede distribuir el riesgo y aumentar el potencial de crecimiento general de la cartera. Una cartera diversificada permite a los inversores mitigar el impacto de los movimientos negativos de precios en activos individuales.

Esté atento a la hora de identificar señales de alerta, como promesas poco realistas, falta de transparencia y casos de uso poco claros o no probados. Los proyectos que carecen de transparencia sobre sus objetivos, planes de desarrollo o antecedentes del equipo deben abordarse con precaución.

Aprender de las estafas pasadas de ICO es esencial para identificar señales de advertencia comunes y lecciones que puedan informar el proceso de diligencia debida. Reconocer las tácticas típicas utilizadas por proyectos fraudulentos ayuda a los inversores a evitar estafas.

El miedo a perderse algo (FOMO) y las decisiones de inversión impulsadas por las exageraciones pueden llevar a decisiones impulsivas sin una investigación adecuada. Puede producirse una consecuencia indeseable al tomar decisiones relativas a inversiones basadas en emociones en lugar de en un análisis sólido.

Invertir en Altcoins y ICO puede ser a la vez gratificante y desafiante. Una investigación exhaustiva y la debida diligencia son esenciales para tomar decisiones informadas y mitigar los riesgos. Comprender el panorama de Altcoins y ICO, analizar documentos técnicos, evaluar equipos de desarrollo y evaluar el cumplimiento normativo son pasos cruciales en el proceso de investigación.

En las ICO, factores como la estructura de venta de tokens, las medidas de seguridad y el cumplimiento normativo desempeñan un papel importante en la evaluación de proyectos. Al practicar la gestión de riesgos, la diversificación y aprender de los errores y estafas del pasado, los inversores pueden navegar por el panorama de las ICO con prudencia y contribuir al crecimiento responsable del criptoespacio.

A medida que evoluciona el mercado de las criptomonedas, la realización de investigaciones y diligencias debidas sigue siendo un proceso continuo. Mantenerse informado sobre los últimos desarrollos, cambios regulatorios y avances tecnológicos permite a los inversores navegar por el mundo dinámico y transformador de Altcoins y ICO con conocimiento y confianza. Al priorizar la investigación y la diligencia debida, los inversores pueden contribuir activamente al crecimiento y la maduración del ecosistema de las criptomonedas y, al mismo tiempo, tomar decisiones de inversión bien informadas.

Evaluación del potencial de Altcoins y ICO

El mundo de las criptomonedas evoluciona constantemente y, dentro de este panorama dinámico, las altcoins y las ofertas iniciales de monedas (ICO) han surgido como opciones cautivadoras para los inversores que miran más allá de Bitcoin. Las altcoins, o criptomonedas alternativas, presentan diversas características y posibles casos de uso, mientras que las ICO proporcionan un mecanismo innovador de recaudación de fondos para proyectos blockchain. En esta sección profundizaremos en los aspectos esenciales para evaluar el potencial de las altcoins y las ICO, explorando los factores que influyen en su éxito, el papel de las tendencias del mercado y la importancia de realizar una investigación exhaustiva.

Para evaluar el potencial de una altcoin, primero hay que comprender su propuesta de valor única. Cada altcoin tiene como objetivo abordar desafíos específicos u ofrecer soluciones innovadoras dentro del ecosistema de las criptomonedas. Analizar el propósito y la utilidad de la altcoin es crucial para evaluar su potencial de crecimiento a largo plazo. Además, considerar las aplicaciones del mundo real de la altcoin es esencial para evaluar su relevancia y posible adopción.

Los documentos técnicos y las hojas de ruta desempeñan un papel fundamental a la hora de evaluar la viabilidad de un proyecto de altcoin. Los documentos técnicos describen las especificaciones técnicas, los objetivos y los planes futuros del proyecto, ofreciendo información sobre la visión, el equipo y la tecnología subyacente del proyecto. Una hoja de ruta bien definida demuestra el progreso del proyecto y el potencial de crecimiento futuro, proporcionando a los inversores una idea de su trayectoria.

Mantenerse actualizado sobre las tendencias del mercado y los desarrollos de la industria es esencial en el vertiginoso mundo de las criptomonedas. Tendencias como las finanzas descentralizadas (DeFi) y los tokens no fungibles (NFT) han influido en la adopción de altcoins específicas. Comprender estas tendencias puede informar las decisiones de inversión, permitiendo a los inversores aprovechar las oportunidades emergentes.

El análisis técnico, que implica el estudio de tendencias y patrones de precios, proporciona información valiosa sobre el sentimiento del mercado. Si bien no ofrece una imagen completa, el análisis técnico puede ayudar a los inversores a identificar posibles puntos de entrada y salida. Además, gestionar el riesgo en el volátil mercado de altcoins es fundamental para preservar el capital y optimizar la rentabilidad.

El análisis fundamental se centra en evaluar los equipos de proyecto y el apoyo de la comunidad. Los conocimientos y la experiencia del equipo de desarrollo pueden influir en el éxito potencial del proyecto altcoin. Una comunidad fuerte y solidaria puede contribuir al crecimiento y la resiliencia de la altcoin. Evaluar el entorno regulatorio también es esencial para la inversión responsable, ya que comprender las posibles implicaciones legales puede mitigar los riesgos.

Una debida diligencia minuciosa es primordial a la hora de navegar en el mercado de altcoins, que ha visto su cuota de estafas y proyectos fraudulentos. Al realizar una investigación rigurosa, los inversores pueden evitar ser víctimas de esquemas fraudulentos y proteger sus inversiones.

La viabilidad a largo plazo y las perspectivas futuras de un proyecto de altcoin son consideraciones cruciales para los inversores que buscan mantener posiciones durante períodos prolongados. Evaluar la visión a largo plazo y la sostenibilidad del proyecto puede ayudar a alinear las inversiones con los objetivos financieros generales.

Las asociaciones y colaboraciones con entidades acreditadas pueden mejorar la credibilidad y la posición en el mercado de un proyecto de altcoin, contribuyendo a su potencial de éxito.

En conclusión, evaluar el potencial de las altcoins y las ICO requiere un enfoque integral que considere aspectos tanto técnicos como fundamentales. Comprender la propuesta de valor única, las aplicaciones del mundo real y la visión a largo plazo de los proyectos de altcoins puede ayudar a los inversores a tomar decisiones informadas.

Si bien el mercado de altcoins ofrece interesantes oportunidades de diversificación y crecimiento, no está exento de riesgos. La inversión responsable, la investigación exhaustiva y las estrategias de gestión de riesgos son fundamentales para navegar con éxito en este panorama dinámico y en evolución.

Al combinar análisis fundamentales y técnicos, mantenerse informados sobre las tendencias del mercado y realizar investigaciones diligentes, los inversores pueden posicionarse para identificar oportunidades prometedoras de altcoins y contribuir al ecosistema de criptomonedas en constante evolución. Al adoptar un enfoque cauteloso pero innovador, los inversores pueden navegar por el potencial de las altcoins y las ICO, aprovechando oportunidades que se alinean con sus objetivos de inversión y tolerancia al riesgo.

Análisis de documentos técnicos y hojas de ruta

El panorama de las criptomonedas es un ámbito en constante evolución, con altcoins y ofertas iniciales de monedas (ICO) captando la atención de los inversores que buscan diversas oportunidades en el espacio de los activos digitales. Dentro de este ámbito, los documentos técnicos y las hojas de ruta son modelos cruciales que brindan a los inversores información esencial sobre el corazón y el alma de los proyectos de altcoins y las ICO. Los documentos técnicos ofrecen información detallada sobre las especificaciones técnicas, los objetivos y los planes futuros de un proyecto de criptomonedas, mientras que las hojas de ruta describen los hitos y el cronograma de desarrollo del proyecto. Esta sección profundizará en la importancia de analizar los documentos técnicos y las hojas de ruta, los elementos clave que contienen y cómo ayudan a los inversores a tomar decisiones informadas dentro del complejo panorama de las altcoins y las ICO.

En el centro de los proyectos de altcoins, los documentos técnicos sirven como base sobre la que se construyen. Estos documentos fundamentales describen el concepto, el propósito y la tecnología subyacente que diferencian a las altcoins de las criptomonedas existentes. Los inversores obtienen una comprensión integral de la visión, los objetivos y las soluciones innovadoras del proyecto que busca proporcionar. Además, los aspectos técnicos presentados en los documentos técnicos, como el mecanismo de consenso, los algoritmos de minería y los protocolos de seguridad, son fundamentales para comprender la seguridad, la eficiencia y el potencial de crecimiento del proyecto.

Los elementos clave de los documentos técnicos incluyen una descripción detallada del proyecto, que ofrece información detallada sobre la misión, los objetivos y los casos de uso previstos de la altcoin. Los aspectos técnicos, como el mecanismo de consenso y la tecnología subyacente, aclaran la innovación que impulsa el proyecto. Además, los documentos técnicos profundizan en la tokenómica y la economía, presentando detalles sobre el suministro total, el modelo de distribución y la utilidad de la altcoin dentro del ecosistema. Además, la información sobre el equipo de desarrollo y los asesores otorga credibilidad al proyecto de altcoin, infundiendo confianza en los inversores con respecto a la ejecución y el potencial de éxito del proyecto.

Para evaluar los documentos técnicos de forma eficaz, los inversores deben considerar factores como la minuciosidad y la claridad. Un documento técnico bien elaborado no debe dejar lugar a la ambigüedad y debe proporcionar información completa que brinde a los inversores una comprensión clara del proyecto. Además, evaluar la naturaleza realista de los objetivos es crucial para medir la credibilidad y el potencial de éxito del proyecto.

Paralelamente, las hojas de ruta sirven como complemento esencial de los documentos técnicos. Estas representaciones visuales ofrecen una perspectiva clara del progreso y el cronograma del desarrollo del proyecto, lo que permite a los inversores comprender los hitos y logros esperados. Al dividir el desarrollo del proyecto en etapas, las hojas de ruta permiten a los inversores medir su progreso con respecto al cronograma proyectado, proporcionando una forma mensurable de seguir su desarrollo.

Los elementos clave de las hojas de ruta incluyen un cronograma que describe las diferentes etapas de desarrollo, desde el lanzamiento inicial hasta futuras actualizaciones y expansiones. Cada etapa destaca hitos y objetivos específicos que el proyecto pretende alcanzar, proporcionando a los inversores una visión clara del progreso del proyecto.

Para evaluar las hojas de ruta de forma eficaz, los inversores deberían considerar la viabilidad del cronograma trazado. Evaluar si la hoja de ruta se alinea con los objetivos descritos en el documento técnico es esencial para determinar la eficiencia del proyecto y el compromiso con sus metas. Además, las hojas de ruta claras deben tener indicadores de progreso cuantificables, que permitan a los inversores seguir el desarrollo del proyecto y exigirle cuentas sobre sus hitos.

La convergencia de documentos técnicos y hojas de ruta proporciona a los inversores una imagen completa del potencial de los proyectos de altcoins. Los documentos técnicos sientan las bases del proyecto, describiendo su visión, objetivos y especificaciones técnicas, mientras que las hojas de ruta ofrecen una representación visual del viaje del proyecto hacia sus metas. Los inversores deben examinar si la hoja de ruta del proyecto se alinea con los objetivos descritos en el documento técnico, asegurando que el proyecto esté en camino de cumplir sus promesas.

En conclusión, analizar los documentos técnicos y las hojas de ruta de altcoins y ICO es un aspecto indispensable de una inversión prudente en criptomonedas. Estos documentos brindan a los inversores información vital sobre la tecnología, el propósito y el potencial del proyecto altcoin. Al evaluar la minuciosidad, la claridad y la naturaleza realista de estos documentos, los inversores pueden tomar decisiones informadas con éxito y navegar por las complejidades del panorama de las altcoins y las ICO.

Un examen cuidadoso de los documentos técnicos y las hojas de ruta es esencial para identificar proyectos con objetivos viables e hitos alcanzables. Los inversores pueden recorrer fácilmente el mundo de las criptomonedas y las ICO utilizando esta investigación exhaustiva, aprovechando oportunidades que se ajusten a sus objetivos de inversión y tolerancia al riesgo. Al adoptar los conocimientos proporcionados por los documentos técnicos y las hojas de ruta, los inversores pueden desentrañar los planos de los proyectos de criptomonedas y posicionarse para el éxito en el mundo en constante evolución de las inversiones digitales. Al comprender el potencial de los proyectos de altcoins a través de un análisis en profundidad de documentos técnicos y hojas de ruta, los inversores pueden tomar decisiones informadas y prudentes en el mercado dinámico y en rápida evolución de las criptomonedas.

Evaluación de equipos de desarrollo y apoyo comunitario

El mercado de las criptomonedas es un panorama vasto y dinámico, que abarca una amplia gama de altcoins y ofertas iniciales de monedas (ICO). En medio de esta proliferación de activos digitales, dos factores críticos se erigen como pilares para el éxito y la sostenibilidad de los proyectos de criptomonedas: los equipos de desarrollo y el apoyo de la comunidad. La experiencia y el compromiso del equipo de desarrollo impulsan la innovación y la ejecución, mientras que la participación de la comunidad fomenta la adopción y las aplicaciones del mundo real. Esta sección profundiza en la importancia de evaluar los equipos de desarrollo y el apoyo de la comunidad en las inversiones en altcoins y ICO, explorando su impacto en la credibilidad del proyecto y la viabilidad a largo plazo.

El equipo de desarrollo constituye la columna vertebral de cualquier proyecto de altcoin o ICO. Estos equipos son los arquitectos de la innovación, responsables de diseñar e implementar la tecnología que diferencia su proyecto del resto. Más allá de conceptualizar la idea, un equipo de desarrollo competente garantiza la actualización de la hoja de ruta del proyecto, logrando hitos y cumpliendo las promesas.

Al evaluar equipos de desarrollo, los conocimientos y la experiencia se vuelven primordiales. Los inversores buscan equipos con un historial comprobado de logros y una amplia experiencia en la tecnología subyacente. La comunicación transparente del equipo de desarrollo genera confianza entre los inversores y la comunidad en general, revelando un compromiso con la responsabilidad y la apertura.

El apoyo de la comunidad es fundamental para el éxito de los proyectos de altcoins y las ICO. Una comunidad activa y comprometida fomenta un sentido de confianza y compromiso con la visión del proyecto. También contribuye a la adopción de altcoin, mejorando su utilidad y relevancia en casos de uso del mundo real.

Monitorear la presencia y el compromiso del proyecto en las redes sociales es crucial para evaluar el apoyo de la comunidad. La sólida actividad en foros y grupos de discusión en línea indica una comunidad dedicada e involucrada, apasionada por el crecimiento y desarrollo del proyecto.

Los equipos de desarrollo y el apoyo de la comunidad comparten una relación simbiótica dentro del ecosistema de altcoins. Un equipo de desarrollo fuerte y competente atrae y mantiene una comunidad de apoyo, mientras que una comunidad comprometida mejora la credibilidad y visibilidad del proyecto. Juntos, contribuyen a la visión a largo plazo y la sostenibilidad del proyecto altcoin.

Los inversores consideran seriamente la solidez de los equipos de desarrollo y el apoyo de la comunidad al tomar decisiones de inversión. Un equipo de desarrollo competente y una comunidad comprometida infunden credibilidad y confianza, mitigando los riesgos percibidos.

Además, una comunidad de apoyo refuerza la resiliencia del proyecto, permitiéndole navegar las fluctuaciones y desafíos del mercado de manera más efectiva.

La comunicación transparente y eficaz de los equipos de desarrollo es fundamental para fomentar la confianza de la comunidad. Mantener a la comunidad informada sobre el progreso, los logros y los posibles obstáculos del proyecto mejora la transparencia y la rendición de cuentas. Involucrar a la comunidad en la toma de decisiones y las actualizaciones cultiva un sentido de propiedad y lealtad.

La evaluación de los equipos de desarrollo y el apoyo de la comunidad es un aspecto crítico de las inversiones prudentes en altcoins y ICO. Un equipo de desarrollo competente, con comunicación transparente y un historial comprobado, garantiza la ejecución exitosa de la visión del proyecto. Al mismo tiempo, una comunidad comprometida y solidaria fomenta la adopción y las aplicaciones del mundo real, reforzando el crecimiento y la viabilidad a largo plazo de la altcoin.

Los inversores deben realizar una investigación exhaustiva para comprender las credenciales, la experiencia y el compromiso del equipo de desarrollo con el proyecto. El apoyo de la comunidad, evidente a través de la participación activa en las redes sociales y foros en línea, demuestra un seguimiento apasionado y dedicado.

Al analizar los equipos de desarrollo y el apoyo de la comunidad, los inversores pueden tomar decisiones informadas, alineando sus inversiones con proyectos que demuestren credibilidad, sostenibilidad y potencial de éxito a largo plazo. Estos pilares forman la base para navegar por el complejo y cambiante mundo de las inversiones en altcoins y ICO. Comprender la importancia de equipos de desarrollo sólidos y comunidades activas prepara a los inversores para aprovechar oportunidades que se ajusten a sus objetivos de inversión y tolerancia al riesgo, fomentando la expansión y el éxito de proyectos de criptomonedas innovadores y sostenibles.

CAPÍTULO IV

Carteras Altcoin y seguridad

Tipos de billeteras criptográficas (calientes, frías, hardware, software)

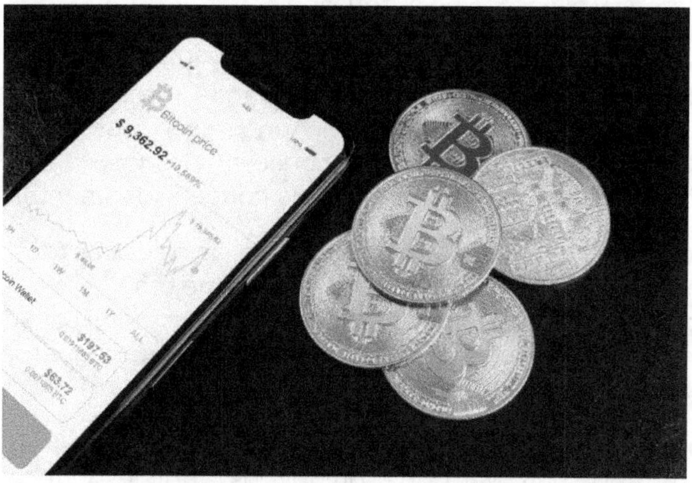

Las criptomonedas han generado la necesidad de soluciones de almacenamiento seguras, y las billeteras criptográficas se han convertido en el principal medio para salvaguardar los activos digitales. Estas billeteras vienen en varias formas, cada una de las cuales ofrece características y niveles de seguridad únicos. Esta sección explorará los diferentes tipos de billeteras criptográficas: billeteras activas, billeteras frías, billeteras de hardware y billeteras de software. Comprender las características y ventajas de cada tipo permitirá a los usuarios tomar decisiones informadas para proteger sus valiosos fondos digitales.

Las billeteras activas, a veces denominadas billeteras en línea, son billeteras de criptomonedas conectadas en línea. Proporcionan acceso inmediato a los fondos, lo que los hace adecuados para transacciones frecuentes y el uso diario. Las billeteras activas también se pueden clasificar en billeteras en línea y billeteras móviles.

Los intercambios de criptomonedas suelen proporcionar billeteras en línea, lo que permite a los usuarios acceder a sus fondos a través de navegadores web. Si bien son convenientes, plantean riesgos de seguridad debido a su exposición a Internet, lo que los hace vulnerables a la piratería y al acceso no autorizado.

Las billeteras móviles son aplicaciones para teléfonos inteligentes que permiten a los usuarios administrar sus criptomonedas mientras viajan. Aunque son más seguras que las billeteras en línea, aún conllevan riesgos inherentes ya que dependen de la conectividad a Internet.

A diferencia de las billeteras calientes, las billeteras frías no están conectadas a Internet, lo que mejora significativamente su seguridad. Están diseñados para almacenamiento a largo plazo y son ideales para guardar grandes cantidades de criptomonedas.

Las claves privadas se mantienen fuera de línea en carteras de hardware, que son objetos tangibles. Ofrecen una seguridad incomparable ya que las claves privadas se generan y almacenan dentro del propio dispositivo. Las transacciones se autorizan en el dispositivo, lo que agrega una capa adicional de protección. Las carteras de hardware son duraderas, portátiles y muy recomendables para salvaguardar los activos digitales.

Las billeteras de papel implican imprimir claves privadas y direcciones públicas en papel. Están completamente fuera de línea y se consideran una forma de almacenamiento en frío. Si bien son seguras, las billeteras de papel requieren un manejo cuidadoso para evitar daños físicos y deben almacenarse de forma segura y privada.

Las billeteras de software son aplicaciones o programas que se pueden instalar en computadoras, teléfonos inteligentes u otros dispositivos para administrar criptomonedas. Además, se dividen en billeteras de escritorio, móviles y web.

Las billeteras de escritorio se instalan en las computadoras, lo que brinda a los usuarios control directo sobre sus claves privadas. Son accesibles sin conexión, lo que ofrece mayor seguridad en comparación con las billeteras activas.

Los usuarios pueden acceder a sus criptomonedas mientras están en movimiento gracias a las billeteras móviles, diseñadas para teléfonos inteligentes y tabletas. Equilibran seguridad y conveniencia, lo que los hace populares entre los usuarios para las transacciones diarias.

Se puede acceder a las billeteras web a través de navegadores web, pero los usuarios no tienen control directo sobre sus claves privadas, ya que el proveedor de la billetera las administra. Si bien son convenientes, son menos seguras que las billeteras de hardware o de escritorio, ya que dependen de un servicio de terceros.

La importancia de proteger los activos digitales se vuelve cada vez más importante a medida que aumenta la adopción de las criptomonedas. Las billeteras criptográficas permiten a los usuarios administrar sus criptomonedas, pero la elección del tipo de billetera depende de las preferencias individuales y la tolerancia al riesgo.

Las billeteras activas ofrecen comodidad pero tienen riesgos de seguridad inherentes debido a su conectividad en línea. Las billeteras frías, al igual que las billeteras de hardware y de papel, priorizan la seguridad sobre la accesibilidad, lo que las hace ideales para el almacenamiento a largo plazo.

Las carteras de hardware se destacan como la opción más segura, ya que brindan una protección inexpugnable para los activos digitales. Las carteras de software, incluidas las de escritorio, móviles y web, ofrecen versatilidad y accesibilidad para las transacciones diarias.

Al comprender los diferentes tipos de billeteras criptográficas y sus riesgos asociados, los usuarios pueden tomar decisiones bien informadas y proteger sus fortunas digitales en el mundo dinámico y transformador de las criptomonedas. Dar prioridad a las medidas de seguridad, como el uso de billeteras de hardware para el almacenamiento a largo plazo y minimizar la exposición a billeteras activas, permite a los usuarios salvaguardar sus activos digitales y aprovechar el potencial de esta revolucionaria tecnología financiera.

Mejores prácticas para asegurar inversiones en Altcoin

Las criptomonedas han marcado el comienzo de una nueva era de oportunidades financieras, y las altcoins presentan perspectivas atractivas para los inversores que buscan diversificación y altos rendimientos potenciales. Sin embargo, en medio de este panorama dinámico existen riesgos inherentes, lo que hace que la seguridad de las inversiones en altcoins sea una preocupación primordial. La volatilidad, las incertidumbres regulatorias y las vulnerabilidades de seguridad exigen la atención de los inversores que buscan proteger sus activos digitales. En esta sección exploraremos las mejores prácticas para asegurar las inversiones en altcoins, centrándonos en las medidas que los inversores pueden adoptar para salvaguardar sus tenencias y navegar con confianza en el panorama criptográfico en constante cambio.

Antes de embarcarse en inversiones en altcoins, es fundamental comprender los riesgos asociados con el mercado de las criptomonedas. Los inversores deben reconocer la volatilidad que caracteriza a los activos de criptomonedas y las incertidumbres que rodean las regulaciones y las posibles violaciones de seguridad. Al comprender claramente estos riesgos, los inversores pueden tomar decisiones informadas y desarrollar estrategias adecuadas de gestión de riesgos.

Seleccionar una billetera de criptomonedas confiable y segura es fundamental para salvaguardar las inversiones en altcoins. Las carteras de hardware como Ledger y Trezor ofrecen una seguridad sólida al mantener las claves privadas fuera de línea. Por otro lado, las carteras de software, como Exodus y Atomic Wallet, brindan comodidad para transacciones frecuentes pero exigen medidas de precaución adicionales.

La integración de la autenticación de dos factores (2FA) agrega una capa adicional de seguridad a las tenencias de altcoins. Al requerir un segundo formulario de verificación, como un código de un solo uso enviado a un dispositivo móvil, 2FA ayuda a prevenir el acceso no autorizado a cuentas de criptomonedas.

El almacenamiento en frío implica mantener las tenencias de altcoins fuera de línea, lejos de los dispositivos conectados a Internet. Adoptar esta práctica reduce significativamente el riesgo de piratería informática y amenazas en línea, lo que brinda protección para inversiones a largo plazo.

Es de suma importancia investigar a fondo los proyectos de altcoins antes de invertir. Los inversores deben examinar el documento técnico del proyecto, el equipo de desarrollo y el apoyo de la comunidad para identificar proyectos legítimos y evitar posibles estafas.

Distribuir las inversiones en altcoins en múltiples proyectos puede ayudar a mitigar los riesgos asociados con las monedas individuales. La diversificación permite a los inversores equilibrar sus carteras y reducir el impacto de los activos de bajo rendimiento.

El panorama criptográfico está en constante evolución y pueden surgir nuevas amenazas a la seguridad. Mantenerse informado sobre las últimas tendencias y mejores prácticas de seguridad es esencial para adaptar y fortalecer las estrategias de inversión.

Mantenerse alerta contra los intentos de phishing es fundamental para proteger las inversiones en altcoins. Los inversores deben evitar hacer clic en enlaces sospechosos y compartir información confidencial con partes desconocidas.

Es fundamental actualizar periódicamente el firmware y el software de la billetera para garantizar que se apliquen las actualizaciones de seguridad más recientes. Esta práctica mejora la protección contra posibles vulnerabilidades.

Realizar transacciones en redes seguras y evitar conexiones Wi-Fi públicas reduce el riesgo de interceptación de datos y acceso no autorizado.

La creación de contraseñas seguras y únicas para cuentas de criptomonedas agrega más protección. Los inversores deben evitar el uso de contraseñas fáciles de adivinar y considerar la posibilidad de utilizar administradores de contraseñas para mejorar la seguridad.

Garantizar procedimientos seguros de copia de seguridad y recuperación de billeteras y claves privadas protege contra la pérdida de datos y permite una recuperación rápida en circunstancias imprevistas.

Asegurar las inversiones en altcoins es primordial en el panorama criptográfico dinámico y en constante cambio. Comprender los riesgos, seleccionar billeteras seguras, implementar 2FA y practicar el almacenamiento en frío son pasos esenciales para salvaguardar los activos digitales. Además, realizar la debida diligencia, diversificar las inversiones y mantenerse actualizado sobre las tendencias de seguridad contribuyen a crear una estrategia de inversión sólida. Estar atento a los intentos de phishing, utilizar redes seguras e implementar políticas de contraseñas seguras fortalece aún más la seguridad de las tenencias de altcoins.

Al adherirse a estas mejores prácticas y abordar de manera proactiva los riesgos potenciales, los inversores pueden navegar con confianza en el mercado de las criptomonedas, protegiendo sus activos digitales y optimizando el potencial de crecimiento y éxito a largo plazo. Los principios de seguridad y diligencia deberían servir como guías para cada inversor de altcoins, permitiéndoles aprovechar las oportunidades que presenta el panorama criptográfico y al mismo tiempo salvaguardar su futuro financiero. Con estas mejores prácticas como armadura , los inversores pueden atravesar el volátil panorama criptográfico con confianza y resiliencia, preservando el valor de sus inversiones en altcoins frente a un mercado en constante evolución.

Protección contra estafas e intentos de phishing

En el mundo acelerado y en constante evolución de las criptomonedas, el atractivo de las inversiones en altcoins ha cautivado la atención de los inversores que buscan capitalizar el potencial de altos rendimientos. Sin embargo, este panorama dinámico no está exento de riesgos, ya que las estafas y los intentos de phishing se vislumbran como amenazas importantes para la seguridad de los criptoactivos de los inversores. Los estafadores y ciberdelincuentes emplean diversas tácticas para engañar y defraudar a personas desprevenidas, lo que hace imperativo que los inversores estén atentos y adopten medidas de seguridad sólidas. Esta sección profundiza en las estrategias para protegerse contra estafas e intentos de phishing en inversiones en altcoins, ofreciendo información sobre cómo reconocer señales de alerta y fortalecer las defensas en el ámbito de las criptomonedas.

Para protegerse eficazmente contra estafas e intentos de phishing, los inversores primero deben comprender la naturaleza de estas amenazas. Las estafas a menudo involucran proyectos fraudulentos o ICO que prometen retornos poco realistas o no cumplen con sus compromisos. Por otro lado, los intentos de phishing tienen como objetivo engañar a los inversores para que compartan información confidencial, como claves privadas o contraseñas, permitiendo a los ciberdelincuentes obtener acceso no autorizado a sus criptoactivos.

Una de las formas más efectivas de protegerse contra las estafas es mediante la debida diligencia. Los inversores deben investigar meticulosamente los proyectos de altcoins en los que consideran invertir, examinando los documentos técnicos, la credibilidad del equipo de desarrollo y el apoyo de la comunidad al proyecto. Además, es fundamental realizar verificaciones de antecedentes y verificar la autenticidad de la información presentada por el proyecto.

Ser capaz de identificar señales de alerta es fundamental para salvaguardar las inversiones en altcoins. Las señales de advertencia pueden incluir promesas exageradas de ganancias garantizadas, falta de transparencia por parte del equipo de desarrollo y comentarios de la comunidad que generan dudas sobre la legitimidad del proyecto.

Para engañar a los inversores, los estafadores suelen crear cuentas de redes sociales y sitios web falsos. Verificar la autenticidad del sitio web oficial de un proyecto y de las cuentas de redes sociales puede ayudar a evitar ser víctima de esquemas fraudulentos.

Los inversores deben tener cuidado al recibir mensajes u ofertas no solicitados relacionados con inversiones en altcoins. Los ciberdelincuentes suelen utilizar el correo electrónico o los mensajes directos para atraer a las víctimas a planes fraudulentos.

Comunicarse a través de canales seguros es esencial para proteger la información confidencial. Los inversores deben evitar compartir claves privadas, contraseñas o datos personales por medios no seguros.

Las carteras de hardware ofrecen una capa adicional de seguridad al almacenar claves privadas fuera de línea, lejos de posibles amenazas en línea. Se recomienda utilizar carteras de hardware para el almacenamiento a largo plazo de inversiones en altcoins.

Habilitar la autenticación multifactor (MFA) agrega más protección a las cuentas de criptomonedas. MFA requiere una verificación adicional más allá de la contraseña, lo que dificulta que los ciberdelincuentes obtengan acceso no autorizado.

El conocimiento de las últimas tácticas de estafa es fundamental para adelantarse a los ciberdelincuentes. Los inversores deben mantenerse informados a través de fuentes acreditadas y tener cuidado con cualquier estafa nueva o emergente.

Informar sobre sospechas de estafas a las autoridades y plataformas correspondientes ayuda a proteger a otros de ser víctimas de actividades fraudulentas similares.

Una buena dosis de escepticismo es beneficiosa al navegar por el panorama criptográfico. Los inversores deben cuestionar las afirmaciones poco realistas y actuar con cautela al abordar oportunidades de inversión que parecen demasiado buenas para ser verdad.

Educar a otros inversores y a la comunidad en general sobre posibles estafas e intentos de phishing puede contribuir a un entorno criptográfico más seguro para todos.

Protegerse contra estafas e intentos de phishing en inversiones en altcoins es una responsabilidad fundamental que todo inversor debe asumir. Comprender la naturaleza de estas amenazas, realizar la debida diligencia exhaustiva y reconocer las señales de alerta son aspectos esenciales de una estrategia de defensa sólida . Verificar los sitios web oficiales y las cuentas de redes sociales, evitar mensajes no solicitados y utilizar canales de comunicación seguros fortalecen aún más las medidas de seguridad de los inversores.

Las billeteras de hardware y la autenticación multifactor agregan capas de protección para salvaguardar las inversiones en altcoins, mientras que mantenerse informado sobre las últimas tácticas de estafa permite una defensa proactiva . Informar sospechas de estafas y adoptar una mentalidad escéptica contribuye a un entorno criptográfico más seguro para todas las partes interesadas.

A medida que los inversores continúan explorando el vasto potencial de las inversiones en altcoins, la vigilancia y la precaución siguen siendo las claves para preservar la seguridad y la integridad de sus criptoactivos. Al adoptar estas mejores prácticas y mantener un enfoque proactivo en materia de seguridad, los inversores pueden navegar con confianza en el panorama criptográfico, mitigar los riesgos y proteger su futuro financiero en un ámbito digital en constante cambio.

CAPÍTULO V

Estrategias comerciales de Altcoin

Comprender las tendencias del mercado de altcoins

Las criptomonedas han experimentado un crecimiento exponencial, y las altcoins emergen como activos digitales alternativos al Bitcoin. Comprender las tendencias del mercado de altcoins se vuelve esencial para los inversores que buscan capitalizar oportunidades y mitigar riesgos a medida que el mercado se diversifica. En esta sección, exploraremos los factores que influyen en las tendencias del mercado de altcoins, el impacto del sentimiento del mercado y las estrategias para analizar e interpretar los datos del mercado. Con este conocimiento, los inversores pueden navegar por el panorama dinámico de las criptomonedas alternativas con confianza y prudencia.

El sentimiento del mercado juega un papel fundamental en la configuración de las tendencias de las altcoins. Las noticias positivas, los avances regulatorios y el respaldo de figuras influyentes pueden hacer subir los precios, mientras que los eventos negativos, las violaciones de seguridad o las medidas enérgicas regulatorias pueden provocar caídas significativas.

Las innovaciones y actualizaciones en la tecnología blockchain y la infraestructura subyacente de las altcoins pueden afectar las tendencias del mercado. Las mejoras en escalabilidad, seguridad y velocidad pueden aumentar la confianza de los inversores e impulsar la demanda.

Las altcoins con casos de uso del mundo real y una adopción generalizada tienen más probabilidades de experimentar tendencias positivas. Los proyectos que resuelven problemas del mundo real y tienen una utilidad clara tienden a atraer a más inversores y usuarios.

El mercado de las criptomonedas es conocido por su naturaleza cíclica, caracterizada por períodos de corridas alcistas seguidas de mercados bajistas. Comprender estos ciclos es crucial para que los inversores tomen decisiones informadas.

Los mercados de altcoins son muy volátiles y los precios pueden experimentar rápidas fluctuaciones. Los inversores deben estar preparados para gestionar esta volatilidad y evitar tomar decisiones emocionales basadas en movimientos de precios a corto plazo.

Los inversores deben analizar los datos del mercado para comprender las tendencias de las altcoins, incluidos los precios históricos, los volúmenes de negociación y la capitalización de mercado. Varias plataformas proporcionan datos y gráficos en tiempo real para una toma de decisiones informada.

El análisis técnico implica estudiar patrones y gráficos de precios históricos para predecir movimientos futuros de precios. Los operadores utilizan indicadores técnicos, como promedios móviles y el índice de fuerza relativa (RSI), para identificar tendencias y puntos de entrada/salida.

El análisis fundamental implica evaluar el valor intrínseco de una altcoin en función de su tecnología subyacente, equipo, caso de uso y potencial de mercado. Este análisis proporciona información sobre la viabilidad a largo plazo de un proyecto.

Métricas como la relación precio-beneficio (P/E), la relación precio-ventas (P/S) y el suministro de circulación de tokens pueden ayudar a evaluar el valor de las altcoins en comparación con sus pares del mercado.

La capitalización de mercado, calculada multiplicando el precio actual de una altcoin por su oferta circulante total, proporciona una descripción general de su valor general en el mercado. Una mayor capitalización de mercado a menudo indica un mayor interés y confianza de los inversores.

La facilidad para comprar o vender una altcoin sin cambios significativos en el precio se conoce como liquidez. Se prefieren las altcoins con mayor liquidez ya que ofrecen más estabilidad durante las transacciones.

Es importante mantenerse actualizado con los desarrollos y noticias recientes en el mundo de las criptomonedas alternativas. Fuentes de noticias acreditadas brindan información valiosa sobre las tendencias del mercado y las actualizaciones de proyectos.

Las plataformas de redes sociales pueden influir en las tendencias de las altcoins, y las figuras influyentes y los debates populares influyen en el sentimiento del mercado. Sin embargo, los inversores deben actuar con cautela y verificar la información antes de tomar decisiones basadas únicamente en el contenido de las redes sociales.

Diversificar las inversiones en altcoins en diferentes proyectos puede mitigar el riesgo. Si bien algunas altcoins pueden experimentar tendencias negativas, otras pueden presentar oportunidades lucrativas.

Investigue minuciosamente y realice la debida diligencia antes de invertir en cualquier altcoin. Evalúe el equipo, la tecnología, el caso de uso y el apoyo de la comunidad del proyecto para tomar decisiones informadas.

Comprender las tendencias del mercado de altcoins es esencial para los inversores que buscan navegar por el mundo dinámico y en constante evolución de las criptomonedas alternativas. El sentimiento del mercado, los avances tecnológicos y la adopción en el mundo real influyen significativamente en las tendencias de las altcoins. Reconocer los ciclos del mercado y gestionar la volatilidad es fundamental para tomar decisiones de inversión prudentes.

Analizar los datos del mercado a través de análisis técnicos y fundamentales ayuda a los inversores a identificar oportunidades potenciales y evaluar el valor de las altcoins. La liquidez y la capitalización de mercado también desempeñan un papel crucial a la hora de determinar el atractivo de una altcoin.

El seguimiento de las noticias sobre altcoins y el sentimiento de las redes sociales proporciona información adicional sobre las tendencias del mercado, pero los inversores deben actuar con cautela y verificar la información.

Al diversificar las inversiones en altcoins y realizar una investigación exhaustiva, los inversores pueden mitigar los riesgos y capitalizar oportunidades potenciales en el mercado de altcoins. Con conocimiento y un análisis cuidadoso, los inversores pueden navegar con confianza por el apasionante y transformador panorama de las criptomonedas alternativas, salvaguardando sus inversiones y contribuyendo al crecimiento responsable del criptoespacio.

Análisis técnico para el comercio de Altcoins

En el dinámico mundo de las criptomonedas, el comercio de altcoins se ha convertido en una vía lucrativa para los inversores que buscan capitalizar las oportunidades del mercado y diversificar sus carteras. Si bien las altcoins ofrecen perspectivas interesantes, su volatilidad inherente exige un enfoque integral para el comercio. El análisis técnico se ha convertido en una herramienta crucial para los comerciantes de altcoins, ya que les permite analizar datos históricos de precios, identificar tendencias y tomar decisiones comerciales informadas. Esta sección explora la importancia del análisis técnico para el comercio de altcoins, arrojando luz sobre conceptos clave, patrones de precios e indicadores que informan estrategias comerciales efectivas.

En esencia, el análisis técnico examina los datos históricos de precios y las estadísticas de mercado para pronosticar movimientos futuros de precios. A diferencia del análisis fundamental, que se centra en el valor intrínseco de una criptomoneda, el análisis técnico se basa en patrones y tendencias derivados de los datos del mercado.

Los patrones gráficos son componentes esenciales del análisis técnico y ofrecen información sobre el sentimiento del mercado y los posibles movimientos de precios. Los patrones gráficos comunes incluyen niveles de soporte y resistencia, cabeza y hombros, dobles techos y triángulos ascendentes.

Identificar tendencias es un aspecto fundamental del análisis técnico. Las tendencias pueden ser alcistas (alcistas), bajistas (bajistas) o laterales (neutrales). Comprender la dirección y la fuerza de las tendencias ayuda a los operadores a tomar decisiones de entrada y salida en el momento oportuno.

Los indicadores técnicos son cálculos basados en datos históricos de volumen y precios. Estos indicadores revelan útilmente el impulso del mercado, las circunstancias de sobrecompra o sobreventa y los probables cambios de tendencia. El índice de fuerza relativa (RSI), las medias móviles y la divergencia de convergencia de media móvil (MACD) son ejemplos de indicadores técnicos comunes.

Los analistas técnicos suelen emplear promedios móviles (MA) para descubrir tendencias durante un período de tiempo determinado y suavizar los datos de precios. Los promedios móviles de varios tipos, como el promedio móvil exponencial (EMA) y el promedio móvil simple (SMA), brindan varias perspectivas sobre los patrones del mercado.

Un oscilador de impulso llamado índice de fuerza relativa (RSI) mide la rapidez y variedad de los cambios de precios. Oscila entre 0 y 100, lo que indica condiciones de sobrecompra cuando los valores del RSI son altos y condiciones de sobreventa cuando los valores son bajos.

Un indicador de impulso de seguimiento de tendencias que ayuda a los operadores a identificar la fuerza y la dirección de las tendencias se conoce como media móvil de convergencia y divergencia (MACD). Consta de dos medias móviles y un histograma que visualiza la diferencia entre las dos.

Los niveles de retroceso de Fibonacci son herramientas cruciales para identificar posibles niveles de soporte y resistencia basados en retrocesos porcentuales específicos del movimiento de precios de una criptomoneda.

El análisis de volumen es el examen del volumen de operaciones junto con los movimientos de precios. Un alto volumen de operaciones a menudo confirma la validez de las tendencias de los precios, mientras que un volumen bajo puede indicar posibles cambios de tendencia.

La incorporación de estrategias de gestión de riesgos, como el establecimiento de órdenes de limitación de pérdidas, es vital para los operadores de altcoins. Las órdenes de limitación de pérdidas activan automáticamente una orden de venta cuando el precio de una criptomoneda alcanza un nivel predeterminado, lo que ayuda a mitigar pérdidas potenciales en mercados volátiles.

Si bien el análisis técnico proporciona información valiosa sobre los patrones y tendencias de los precios, combinarlo con el análisis fundamental permite a los operadores comprender el valor potencial de una criptomoneda y las perspectivas de mercado de manera más integral.

El análisis técnico es una herramienta indispensable para los comerciantes de altcoins, ya que ofrece información valiosa sobre los patrones históricos de precios, las tendencias y el impulso del mercado. Los patrones de gráficos, el análisis de tendencias, los indicadores técnicos y los niveles de retroceso de Fibonacci permiten a los operadores tomar decisiones informadas y ejecutar operaciones en el momento oportuno.

Las medias móviles, el índice de fuerza relativa (RSI) y la divergencia de convergencia de media móvil (MACD) se encuentran entre los indicadores técnicos comúnmente utilizados que brindan información valiosa sobre las condiciones del mercado. La incorporación de análisis de volumen y estrategias de gestión de riesgos mejora aún más la capacidad de los operadores para navegar por el mercado de altcoins con confianza y prudencia.

Si bien el análisis técnico es una herramienta poderosa, es esencial reconocer que ningún método puede predecir con certeza los movimientos futuros de los precios. Combinar el análisis técnico con el análisis fundamental y mantener un enfoque disciplinado y estratégico para el comercio puede optimizar el potencial de éxito en el comercio de altcoins.

Al adoptar el análisis técnico y perfeccionar continuamente las estrategias comerciales, los inversores pueden aprovechar las oportunidades del mercado, mitigar los riesgos y cultivar un enfoque prudente e informado para el comercio de altcoins en el mundo de las criptomonedas en constante evolución.

Análisis fundamental para el comercio de altcoins

En el vertiginoso y dinámico mundo del comercio de criptomonedas, las altcoins se han convertido en una vía de inversión atractiva, que ofrece características únicas y potencial de altos rendimientos. Si bien el análisis técnico proporciona información sobre los patrones y tendencias históricos de los precios, el análisis fundamental profundiza en el valor intrínseco de las altcoins, lo que permite a los operadores tomar decisiones informadas basadas en las fortalezas subyacentes, los casos de uso y las perspectivas de mercado de una criptomoneda. Esta sección explora la importancia del análisis fundamental para el comercio de altcoins, aclarando conceptos, factores y metodologías clave que contribuyen a la formulación de estrategias comerciales bien informadas.

El análisis fundamental es un método exhaustivo para evaluar el valor intrínseco de un activo mediante el examen de factores que tienen un impacto a largo plazo en su precio. En el contexto del comercio de altcoins, el análisis fundamental profundiza en los atributos básicos de una criptomoneda, con el objetivo de determinar su valor y potencial de crecimiento.

El primer paso en el análisis fundamental es comprender el propósito y el caso de uso de la altcoin. Investigar cómo las criptomonedas abordan problemas del mundo real y brindan soluciones prácticas contribuye a una comprensión más matizada de su valor potencial.

La competencia y el compromiso del equipo de desarrollo son fundamentales para determinar el éxito de un proyecto de altcoin. El análisis fundamental implica examinar los antecedentes y la experiencia del equipo, así como la estructura de gobernanza del proyecto y los procesos de toma de decisiones.

La base tecnológica de una altcoin es un factor fundamental en su viabilidad a largo plazo. El análisis fundamental implica evaluar la tecnología subyacente, la escalabilidad, las características de seguridad y el potencial de innovación de la criptomoneda.

La demanda y adopción de una altcoin juega un papel importante en la determinación de su valor. El análisis fundamental implica investigar la base de usuarios actual de la criptomoneda, las asociaciones y el potencial para su adopción futura.

La liquidez del mercado y el volumen de operaciones influyen en la estabilidad de los precios y la facilidad para comprar y vender altcoins. El análisis fundamental considera estos factores para medir el potencial comercial y el atractivo de inversión de la altcoin.

El panorama regulatorio tiene un impacto significativo en el crecimiento y la sostenibilidad de las altcoins. El análisis fundamental implica comprender el cumplimiento de las regulaciones por parte de la criptomoneda y su posible exposición a riesgos legales.

Las asociaciones y colaboraciones pueden mejorar la credibilidad y utilidad de las altcoins. El análisis fundamental explora las asociaciones y colaboraciones estratégicas de la criptomoneda dentro de la industria.

Realizar análisis financieros y evaluar la tokenómica son aspectos esenciales del análisis fundamental. Esto implica examinar la distribución de tokens de la altcoin, el suministro de tokens, la tasa de inflación y el potencial de los mecanismos de quema de tokens.

Comparar las altcoins con las criptomonedas establecidas, como Bitcoin y Ethereum, proporciona un contexto para comprender sus propuestas de valor únicas y su potencial posicionamiento en el mercado.

El análisis fundamental anima a los operadores a adoptar una perspectiva a largo plazo al evaluar las altcoins. Al centrarse en el valor intrínseco y el potencial a largo plazo de las criptomonedas, los operadores pueden tomar decisiones informadas que se alineen con sus objetivos de inversión.

Si bien el análisis fundamental proporciona una visión integral del potencial de una criptomoneda, combinarlo con el análisis técnico permite a los operadores formar una perspectiva más holística. La integración de ambos análisis permite estrategias comerciales integrales.

El análisis fundamental es una herramienta vital para los comerciantes de altcoins que buscan desbloquear el valor y el potencial intrínseco de las criptomonedas. Los comerciantes obtienen conocimientos más profundos sobre las perspectivas a largo plazo de las altcoins al evaluar el propósito y el caso de uso, evaluar el equipo de desarrollo y la tecnología, y examinar la demanda y la adopción del mercado.

Tener en cuenta la liquidez del mercado, el cumplimiento normativo, las asociaciones y la tokenómica mejora aún más la comprensión de los comerciantes sobre el atractivo de inversión de una criptomoneda. Adoptar una perspectiva a largo plazo e integrar análisis fundamentales y técnicos permite a los operadores navegar por el dinámico panorama criptográfico con prudencia y confianza.

A medida que las altcoins continúan innovando y evolucionando, el análisis fundamental sigue siendo invaluable para tomar decisiones bien informadas en el comercio de altcoins. Al emplear un enfoque disciplinado y basado en datos para el análisis fundamental, los operadores pueden aprovechar oportunidades, mitigar riesgos y cultivar un enfoque estratégico e informado para las inversiones en altcoins en el mundo en constante cambio de las criptomonedas.

Desarrollo de una estrategia comercial personalizada

El comercio de altcoins se ha convertido en una empresa cautivadora para los inversores que buscan diversificar sus carteras y capitalizar el potencial de altos rendimientos. Sin embargo, la naturaleza volátil y en constante cambio del mercado de las criptomonedas exige una estrategia comercial bien pensada y personalizada. El viaje de cada operador es único y está influenciado por su tolerancia al riesgo, sus objetivos de inversión y sus conocimientos del mercado. Esta sección explora la importancia de desarrollar una estrategia comercial personalizada para el comercio de altcoins, arrojando luz sobre consideraciones, metodologías y principios esenciales que permiten a los operadores navegar en el mercado de criptomonedas con propósito y precisión.

Comprender su tolerancia al riesgo y sus objetivos de inversión es crucial antes de profundizar en la complejidad del comercio de altcoins. Evaluar su apetito por el riesgo y sus objetivos, ya sean ganancias a corto plazo o crecimiento a largo plazo, constituye la base de su estrategia comercial personalizada.

Comprender la dinámica del mercado de altcoins es fundamental para desarrollar una estrategia comercial eficaz. Realizar investigaciones, estudiar las tendencias del mercado y mantenerse actualizado sobre las noticias de la industria son pasos esenciales para obtener información sobre el comportamiento de las altcoins y el sentimiento del mercado.

Definir estrategias de entrada y salida es vital para realizar operaciones disciplinadas y en el momento oportuno. Establecer criterios específicos para ingresar a una operación basados en indicadores técnicos o fundamentales y determinar puntos de salida para asegurar ganancias o limitar pérdidas permite a los operadores evitar decisiones impulsivas impulsadas por las fluctuaciones del mercado.

Diversificar su cartera de altcoins es una estrategia prudente de gestión de riesgos. Distribuir sus inversiones en varias altcoins con diferentes casos de uso y perspectivas de mercado reduce la exposición a los riesgos asociados con los activos individuales.

La implementación de técnicas de dimensionamiento de posiciones ayuda a gestionar el riesgo y proteger su capital. Asignar un porcentaje específico de su capital total a cada operación en función de la tolerancia al riesgo y los niveles de límite de pérdidas garantiza que una sola operación no afecte demasiado a su cartera general.

La combinación del análisis técnico y fundamental proporciona una visión holística del valor potencial de las altcoins y las condiciones del mercado. El análisis técnico ofrece información sobre patrones y tendencias de precios, mientras que el análisis fundamental profundiza en el valor intrínseco de las criptomonedas y las perspectivas a largo plazo.

Colocar órdenes de limitación de pérdidas es una herramienta fundamental de gestión de riesgos. Establecer niveles de límite de pérdidas en función de su tolerancia al riesgo garantiza que las pérdidas sean limitadas si el mercado se mueve en contra de su operación.

El mercado de las criptomonedas es dinámico y está sujeto a cambios rápidos. Una estrategia comercial exitosa implica adaptarse a las condiciones cambiantes del mercado y modificar su enfoque en consecuencia.

Mantener la disciplina y el control emocional son rasgos indispensables para el éxito del comercio de altcoins. Evitar decisiones impulsivas impulsadas por el miedo o la codicia y adherirse a su plan comercial predefinido contribuye a la coherencia y la eficacia.

Cada operación es una oportunidad para aprender y crecer como comerciante. Analizar las operaciones exitosas e identificar errores permite la mejora continua y el refinamiento de su estrategia comercial.

Las pruebas y el backtesting son esenciales antes de implementar su estrategia comercial en el mercado real. Simular operaciones y analizar datos históricos le permite evaluar la eficacia de su estrategia en diferentes condiciones de mercado.

El comercio de altcoins requiere paciencia y perseverancia. El éxito en el mercado de las criptomonedas tarda en llegar. Mantenerse comprometido con su plan comercial y perfeccionar continuamente sus habilidades es clave para lograr sus objetivos de inversión.

Desarrollar una estrategia comercial personalizada es crucial para los comerciantes de altcoins que buscan navegar en el mercado de las criptomonedas con propósito y precisión. Comprender la tolerancia al riesgo, definir objetivos de inversión y analizar el mercado de altcoins son aspectos fundamentales de su estrategia.

Definir estrategias de entrada y salida, adoptar la diversificación e implementar técnicas de gestión de riesgos contribuyen a una toma de decisiones prudente. La combinación de análisis técnico y fundamental, la utilización de órdenes de limitación de pérdidas y la adaptación a las condiciones del mercado permiten realizar operaciones informadas y ágiles.

Practicar la disciplina y el control emocional, aprender de las experiencias y probar su estrategia mejorará su competencia como comerciante. Con paciencia y perseverancia, su estrategia comercial personalizada se convierte en una herramienta potente que le permite aprovechar oportunidades, gestionar riesgos y tener éxito en el cautivador mundo del comercio de altcoins.

CAPÍTULO VI

Adopción y casos de uso de Altcoin

Altcoins en comercio electrónico y venta minorista

El auge de las criptomonedas ha provocado una transformación en el panorama financiero, con las altcoins emergiendo como un actor importante en los sectores del comercio electrónico y minorista. Las altcoins han captado la atención tanto de comerciantes como de consumidores al ofrecer transacciones rápidas, seguras y sin fronteras. Esta sección explora el papel cada vez mayor de las altcoins en el comercio electrónico y la venta minorista, arrojando luz sobre los beneficios, los desafíos y los posibles desarrollos futuros que están remodelando la forma en que realizamos transacciones y redefiniendo el concepto de pagos digitales.

La proliferación de altcoins ha allanado el camino para nuevas posibilidades en el comercio electrónico. A medida que los comerciantes buscan ampliar sus opciones de pago, las altcoins ofrecen una alternativa descentralizada y eficiente a los métodos de pago tradicionales.

Las altcoins presentan numerosas ventajas en las transacciones de comercio electrónico. Las tarifas de transacción más bajas, los tiempos de procesamiento de pagos más rápidos y la menor dependencia de intermediarios agilizan el proceso de pago, mejorando la eficiencia y el ahorro de costos.

Las altcoins permiten transacciones sin fronteras, eliminando las barreras impuestas por los sistemas bancarios tradicionales. Esta característica permite a las empresas ampliar su alcance a una audiencia global y atender a clientes de diversas ubicaciones geográficas.

La tecnología blockchain que sustenta las altcoins garantiza una sólida seguridad y prevención de fraude. La naturaleza descentralizada e inmutable de las transacciones blockchain mitiga el riesgo de devoluciones de cargo y actividades fraudulentas, proporcionando un entorno más seguro para comerciantes y consumidores.

Las transacciones de Altcoins ofrecen un mayor nivel de privacidad en comparación con los métodos de pago tradicionales. Al eliminar la necesidad de que los clientes compartan información financiera confidencial, las altcoins protegen la privacidad del consumidor y fomentan la confianza en las transacciones de comercio electrónico.

A pesar de las ventajas, la adopción de altcoins en el comercio electrónico enfrenta desafíos. La volatilidad, la falta de claridad regulatoria y la necesidad de educar a los usuarios exigen atención a medida que los comerciantes consideran la integración de opciones de pago con altcoins.

La integración de pasarelas de pago de altcoins es crucial para los comerciantes que buscan aceptar pagos de altcoins. Los procesadores de pagos y las soluciones de software de terceros facilitan la perfecta integración de las transacciones de altcoins en las plataformas de comercio electrónico existentes.

Sensibilizar a los usuarios y educar a los consumidores sobre los beneficios y el uso de las altcoins es vital para una adopción más amplia. Los comerciantes pueden desempeñar un papel fundamental en la promoción de la aceptación de altcoins al proporcionar información y recursos claros a sus clientes.

La volatilidad de los precios de las altcoins puede plantear desafíos para los comerciantes que desean evitar la exposición a las fluctuaciones monetarias. Soluciones, como la conversión inmediata a moneda fiduciaria al recibir el pago, ofrecen una posible solución para mitigar los riesgos de volatilidad.

Navegar por el panorama regulatorio es una consideración crítica tanto para los comerciantes como para los consumidores. Para promover la confianza en las transacciones de criptomonedas, el cumplimiento de las leyes y regulaciones pertinentes es crucial.

Generar confianza en los consumidores en las transacciones de altcoins es primordial. La transparencia, la comunicación clara y las medidas de seguridad sólidas son esenciales para infundir confianza entre los consumidores nuevos en los pagos de altcoins.

El futuro de las altcoins en el comercio electrónico y el comercio minorista es muy prometedor. A medida que la tecnología evoluciona y crece la adopción de altcoins, las barreras de entrada probablemente disminuirán, lo que conducirá a una mayor aceptación generalizada.

Las altcoins han surgido como fuerzas disruptivas en los sectores del comercio electrónico y el comercio minorista, remodelando la forma en que realizamos transacciones y desafiando los métodos de pago tradicionales. Las ventajas de las altcoins, incluidas tarifas más bajas, transacciones más rápidas y mayor seguridad, brindan incentivos convincentes para que los comerciantes y consumidores adopten esta tecnología transformadora.

Si bien existen desafíos en términos de volatilidad, cumplimiento normativo y educación de los usuarios, los beneficios potenciales de la adopción de altcoins en el comercio electrónico son significativos. Integrar pasarelas de pago de altcoins, educar a los usuarios y abordar las preocupaciones en torno a la privacidad y la seguridad puede allanar el camino para una aceptación más amplia.

El futuro de las altcoins en el comercio electrónico y el comercio minorista es tremendamente prometedor. A medida que los comerciantes y consumidores adoptan los beneficios de las transacciones descentralizadas y sin fronteras, el crecimiento y la evolución continuos de las altcoins redefinirán el panorama de los pagos digitales, acercándonos a una economía global más inclusiva, eficiente y segura.

Integración de Altcoin en juegos y entretenimiento

La convergencia de las criptomonedas y las industrias del juego y el entretenimiento ha dado lugar a una nueva era de innovación y oportunidades. Con su naturaleza descentralizada y sin fronteras, las Altcoins han revolucionado la forma en que operan las economías virtuales y la forma en que los usuarios interactúan con las plataformas de juegos y entretenimiento. Esta sección profundiza en la creciente tendencia de integración de altcoins en los juegos y el entretenimiento, explorando el impacto transformador en las economías virtuales, las experiencias de los usuarios y las perspectivas futuras de esta intersección dinámica.

La integración de altcoins en los juegos ha cobrado impulso en los últimos años, impulsada por la creciente popularidad de las criptomonedas y el surgimiento de la tecnología blockchain. Las economías virtuales dentro de los juegos han creado un terreno fértil para la integración de altcoins, permitiendo transacciones fluidas y nuevas posibilidades para los jugadores.

La integración de Altcoin ha facilitado la tokenización de activos virtuales, permitiendo a los jugadores poseer e intercambiar elementos y activos del juego de verdad. Los tokens no fungibles (NFT) se han convertido en un desarrollo innovador que permite la propiedad de activos virtuales y objetos coleccionables únicos.

La integración de altcoins en los juegos ofrece varios beneficios. La descentralización garantiza una mayor seguridad y transparencia, mientras que las bajas tarifas de transacción mejoran la eficiencia de las microtransacciones. Los jugadores también pueden monetizar sus habilidades y activos virtuales, creando nuevas fuentes de ingresos.

El modelo jugar para ganar, hecho posible gracias a la integración de altcoins, ha transformado los juegos de una actividad de ocio a una fuente potencial de ingresos. Los jugadores pueden ganar altcoins participando en diversas actividades del juego, fomentando una experiencia de juego más inclusiva y gratificante.

Las altcoins han remodelado las economías virtuales al proporcionar formas alternativas de moneda en los juegos. Las criptomonedas pueden coexistir con las monedas tradicionales del juego, ofreciendo a los jugadores mayor flexibilidad y autonomía en sus transacciones financieras.

Los casos de uso de la integración de altcoins en los juegos son diversos y dinámicos. Desde mercados NFT y compras dentro de juegos hasta oportunidades de jugar para ganar y plataformas de juegos basadas en blockchain, las criptomonedas han ampliado las posibilidades tanto para los desarrolladores como para los jugadores.

Las plataformas de juegos basadas en blockchain se han convertido en centros para la integración de altcoins en juegos y entretenimiento. Estas plataformas utilizan la tecnología blockchain para garantizar la autenticidad y propiedad de los activos virtuales y permitir transacciones multiplataforma fluidas.

La integración de altcoins ha mejorado significativamente la experiencia del usuario y la participación en los juegos y el entretenimiento. Con una verdadera propiedad de los activos virtuales, los jugadores invierten más en el mundo virtual, fomentando un sentido de comunidad y lealtad.

Si bien la integración de altcoins en los juegos presenta oportunidades interesantes, también existen desafíos. La escalabilidad, la adopción por parte de los usuarios y las consideraciones regulatorias son algunos de los obstáculos que deben superarse para la adopción generalizada de las criptomonedas en los juegos y el entretenimiento.

La tecnología Blockchain proporciona sólidos mecanismos de seguridad y prevención de fraude, protegiendo a los jugadores de estafas y transacciones fraudulentas. Los registros de transacciones inmutables y la verificación de propiedad contribuyen a un entorno de juego más seguro.

Más allá de los juegos, la integración de altcoins está avanzando en la industria del entretenimiento. Las plataformas de contenido utilizan criptomonedas para recompensar a los creadores, facilitar los micropagos por el consumo de contenido y promover la participación de la audiencia.

El futuro de la integración de altcoins en los juegos y el entretenimiento es brillante, con desarrollos e innovaciones continuos que dan forma al panorama. A medida que la tecnología evolucione, la integración de las altcoins probablemente será más fluida, mejorando las economías virtuales y las experiencias de los usuarios.

La integración de altcoins en los juegos y el entretenimiento ha marcado el comienzo de una nueva era de posibilidades, transformando las economías virtuales y otorgando a los usuarios una verdadera propiedad y control. Desde la tokenización de activos virtuales hasta oportunidades de jugar para ganar y plataformas de juegos basadas en blockchain, las criptomonedas han revolucionado la forma en que interactuamos con el entretenimiento digital.

A pesar de los desafíos, los beneficios potenciales de la integración de altcoins en los juegos y el entretenimiento son enormes. La seguridad mejorada, las experiencias de usuario mejoradas y las nuevas fuentes de ingresos subrayan el impacto transformador de las criptomonedas en estas industrias. A medida que avanza la tecnología, la integración de altcoins está preparada para redefinir el panorama de los juegos y el entretenimiento, dando forma a un futuro más inmersivo, inclusivo y gratificante para todas las partes interesadas involucradas.

Altcoins para remesas y pagos transfronterizos

Los sistemas tradicionales de remesas y pagos transfronterizos se han asociado durante mucho tiempo con costos elevados, tiempos de transacción lentos y complejidades burocráticas. La llegada de las altcoins y la tecnología blockchain ha revolucionado este panorama, ofreciendo una solución transformadora a los desafíos que enfrentan las personas y las empresas que participan en transacciones financieras internacionales. Esta sección profundiza en el papel cada vez mayor de las altcoins en las remesas y los pagos transfronterizos, explorando los beneficios, los desafíos y los posibles desarrollos futuros que remodelen la forma en que transferimos dinero a través de las fronteras.

Las ineficiencias, las altas tarifas y los largos tiempos de transacción han plagado los sistemas tradicionales de remesas. Para las personas que dependen de las remesas como salvavidas para mantener a sus familias en sus países de origen, estos desafíos tienen implicaciones importantes en sus medios de vida.

La aparición de altcoins ha proporcionado una alternativa viable a las remesas tradicionales, ofreciendo soluciones de pago transfronterizo rápidas, de bajo costo y seguras. La naturaleza sin fronteras de las criptomonedas permite transacciones rápidas y sin fricciones en todo el mundo.

Las altcoins presentan numerosas ventajas para las remesas y los pagos transfronterizos. Con un mínimo de intermediarios involucrados, las tarifas de transacción se reducen significativamente y los fondos llegan a los destinatarios más rápido.

Las altcoins contribuyen a la inclusión financiera al brindar a las personas de regiones desatendidas acceso a sistemas de pago modernos y eficientes. Con un teléfono inteligente y una conexión a Internet, cualquiera puede participar en la economía global a través de transacciones de altcoins.
Las altcoins agilizan las transacciones transfronterizas, eliminando la necesidad de conversiones de moneda y reduciendo la complejidad asociada con los sistemas bancarios tradicionales.

Las monedas estables, un tipo de moneda alternativa vinculada a un activo estable como la moneda fiduciaria, desempeñan un papel crucial en las remesas. Al mitigar la volatilidad de los precios, las monedas estables ofrecen estabilidad y certeza en las transacciones transfronterizas.

A pesar de las ventajas, la adopción de altcoins para las remesas enfrenta desafíos. La incertidumbre regulatoria, la educación de los usuarios y la necesidad de rampas de entrada y salida convenientes entre las criptomonedas y las monedas fiduciarias son algunos de los obstáculos que deben abordarse.

Navegar por el panorama regulatorio es una consideración importante para la adopción de altcoins en las remesas. La colaboración entre gobiernos, instituciones financieras y entidades blockchain es esencial para garantizar un entorno seguro y compatible.

Educar a los usuarios sobre los beneficios y el uso de las altcoins es crucial para una adopción más amplia. Simplificar el proceso de conversión de altcoins a moneda fiduciaria y viceversa es esencial para mejorar la accesibilidad para todos los usuarios.

La tecnología Blockchain, que sustenta las altcoins, ofrece sólidos mecanismos de seguridad y prevención de fraude. Los registros de transacciones inmutables y la seguridad criptográfica garantizan la integridad de los pagos transfronterizos.

Los proveedores de servicios de remesas desempeñan un papel vital en la integración de altcoins para pagos transfronterizos. Colaborar con empresas de tecnología financiera y adoptar tecnologías innovadoras permite a los proveedores de remesas tradicionales ofrecer servicios más eficientes y rentables.

El futuro de las altcoins en remesas y pagos transfronterizos es prometedor. A medida que avanza la tecnología, es probable que aumente la adopción de altcoins, lo que conducirá a un ecosistema financiero global más inclusivo, eficiente y rentable.

Las altcoins están redefiniendo el panorama de las remesas y los pagos transfronterizos, ofreciendo una solución transformadora a los desafíos que enfrentan las personas y las empresas que participan en transacciones financieras internacionales. Las ventajas de las altcoins, como las bajas tarifas de transacción, los tiempos de transferencia más rápidos y la inclusión financiera, subrayan su potencial para revolucionar los sistemas globales de remesas.

A pesar de los desafíos relacionados con consideraciones regulatorias, educación de los usuarios y accesibilidad, los beneficios potenciales de la adopción de altcoins en las remesas son significativos. La colaboración entre gobiernos, instituciones financieras y entidades blockchain puede allanar el camino para un entorno seguro y compatible para la integración de altcoins.

A medida que la tecnología continúa evolucionando, la adopción de altcoins está preparada para remodelar la forma en que transferimos dinero a través de las fronteras, creando un panorama financiero global más interconectado, accesible y eficiente. Con el poder transformador de las altcoins, las personas y las empresas pueden mirar hacia un futuro en el que los pagos transfronterizos sean ágiles, rentables y empoderadores para todas las partes interesadas.

Aplicaciones de Altcoin en finanzas descentralizadas (DeFi)

Las finanzas descentralizadas (DeFi) se han expandido rápidamente, marcando el comienzo de una nueva era de innovación financiera, revolucionando los sistemas financieros convencionales y brindando oportunidades para una inclusión y un empoderamiento financieros sin precedentes. En el corazón de DeFi se encuentra la integración de altcoins y la tecnología blockchain, lo que permite la creación de un ecosistema financiero descentralizado y transparente. Esta sección explora las aplicaciones multifacéticas de las altcoins en DeFi, arrojando luz sobre el impacto transformador en los préstamos, el endeudamiento, la agricultura de rendimiento, los intercambios descentralizados y los posibles desarrollos futuros que están remodelando el panorama financiero.

La llegada de DeFi ha alterado a los intermediarios financieros tradicionales, permitiendo a las personas participar en un ecosistema financiero descentralizado y sin permisos. Las altcoins sirven como componentes fundamentales de las aplicaciones DeFi, proporcionando la liquidez y la utilidad necesarias para que estas plataformas prosperen.

Las plataformas DeFi facilitan los préstamos y los préstamos entre pares, lo que permite a los usuarios acceder al capital sin depender de las instituciones bancarias tradicionales. Las altcoins se utilizan como garantía para garantizar préstamos, creando un proceso de préstamo transparente y sin confianza .

La agricultura de rendimiento, un concepto exclusivo de DeFi, permite a los usuarios obtener ingresos pasivos al proporcionar liquidez a varios protocolos DeFi. Las altcoins se utilizan como tokens de liquidez, lo que incentiva a los usuarios a contribuir al fondo de liquidez y participar en la red.

Los intercambios descentralizados son el núcleo de DeFi y permiten a los usuarios intercambiar altcoins sin necesidad de intermediarios. Estos DEX aprovechan la tecnología blockchain para facilitar transacciones seguras y transparentes entre pares.

Los creadores de mercado automatizados, un componente clave de los DEX, utilizan algoritmos para determinar los precios de los activos en función del equilibrio de liquidez en el grupo. Las altcoins desempeñan un papel fundamental en las AMM al proporcionar liquidez y garantizar experiencias comerciales fluidas.

Las plataformas DeFi suelen incorporar mecanismos de gobernanza que permiten a los poseedores de tokens participar en los procesos de toma de decisiones. Las altcoins confieren poder de voto, dando a sus poseedores voz y voto en las actualizaciones de protocolos y propuestas de gobernanza.

A pesar de la promesa de DeFi, existen desafíos en las aplicaciones de altcoins. La escalabilidad, la seguridad, las consideraciones regulatorias y las vulnerabilidades de los contratos inteligentes exigen atención a medida que DeFi continúa expandiéndose.

La seguridad es de suma importancia en las aplicaciones de altcoins DeFi. Las auditorías de contratos inteligentes y los protocolos de seguridad son esenciales para mitigar los riesgos y garantizar la seguridad de los fondos de los usuarios.

Navegar por el panorama regulatorio es crucial para los proyectos DeFi que utilizan altcoins. Colaborar con los organismos reguladores y garantizar el cumplimiento de las leyes pertinentes es vital para el crecimiento sostenible y la adopción masiva.

La educación de los usuarios es esencial para fomentar una adopción más amplia de las aplicaciones de altcoins DeFi. Mejorar la accesibilidad a través de interfaces fáciles de usar y procesos de incorporación simplificados puede atraer nuevos usuarios al espacio DeFi.

Las soluciones de identidad descentralizadas, como DeID , mejoran la seguridad y privacidad de los datos del usuario en las aplicaciones DeFi. Las altcoins pueden desempeñar un papel en la implementación de sistemas DeID para proteger las identidades y los datos de los usuarios.

El futuro de las aplicaciones de altcoins en DeFi está lleno de potencial. A medida que avanza la tecnología y evolucionan los marcos regulatorios, es probable que las altcoins desempeñen un papel aún más importante en la remodelación del panorama financiero.

Las aplicaciones de altcoins en DeFi han marcado el comienzo de una nueva era de innovación financiera, brindando a las personas libertad financiera y fomentando un ecosistema financiero descentralizado e inclusivo. A través de préstamos y empréstitos, agricultura de rendimiento, intercambios descentralizados y gobernanza, las altcoins impulsan la revolución DeFi.

Es necesario abordar desafíos como la seguridad, la escalabilidad y las consideraciones regulatorias para desbloquear todo el potencial de las aplicaciones de altcoins en DeFi. La educación y la accesibilidad de los usuarios son vitales para atraer nuevos participantes al espacio DeFi y promover una adopción generalizada.

A medida que la tecnología evolucione, las altcoins redefinirán los sistemas financieros tradicionales, creando un futuro financiero más inclusivo, eficiente y transparente. Con el poder transformador de las altcoins, DeFi está preparada para revolucionar la forma en que interactuamos con el dinero, democratizando las finanzas y empoderando a las personas en todo el mundo.

CAPÍTULO VII

Regulaciones y consideraciones legales de Altcoin

Panorama regulatorio global para Altcoins y ICO

Las criptomonedas han transformado el panorama financiero, ofreciendo soluciones innovadoras y oportunidades de inversión a individuos y empresas de todo el mundo. Las altcoins y las ofertas iniciales de monedas (ICO) se han convertido en actores destacados en esta revolución, proporcionando activos digitales alternativos y mecanismos de recaudación de fondos. Sin embargo, con el crecimiento del mercado de las criptomonedas, los gobiernos y los reguladores financieros se han enfrentado al desafío de crear un marco regulatorio coherente. Esta sección profundiza en el panorama regulatorio global para altcoins y ICO, explorando los diversos enfoques de diferentes países, los desafíos de crear regulaciones efectivas y los posibles desarrollos futuros en la regulación de las criptomonedas.

Las altcoins, o criptomonedas alternativas, representan una amplia gama de activos digitales más allá de la criptomoneda pionera, Bitcoin. Estas altcoins tienen diversos propósitos, incluida la mejora de la velocidad de las transacciones, la privacidad y la habilitación de contratos inteligentes en plataformas blockchain. La popularidad de las altcoins ha crecido exponencialmente, creando un ecosistema vibrante de monedas digitales.

Las ICO, por otro lado, han revolucionado la recaudación de fondos en el espacio de las criptomonedas. Estas ventas de tokens permiten a los proyectos recaudar capital mediante la emisión de tokens digitales en redes blockchain. Las ICO han proporcionado una forma novedosa para que las nuevas empresas accedan a financiación, pero su naturaleza no regulada también ha dado lugar a preocupaciones regulatorias.

El panorama regulatorio global para altcoins y ICO es increíblemente diverso y dinámico. Cada país tiene su enfoque para regular las criptomonedas, lo que refleja las complejidades de esta industria naciente. Algunos países han adoptado las criptomonedas con regulaciones progresivas, fomentando la innovación y el desarrollo de blockchain. En cambio, otros han adoptado una postura cautelosa o restrictiva, alegando preocupaciones sobre la protección de los inversores y la estabilidad financiera. Navegar por esta compleja red de regulaciones es un desafío importante tanto para los proyectos como para los inversores de criptomonedas, particularmente para aquellos que operan a escala global.

Uno de los principales desafíos en la regulación de las criptomonedas es la clasificación de diferentes altcoins y tipos de tokens. Los reguladores deben determinar si determinadas altcoins son valores, materias primas o tokens de utilidad, ya que cada clasificación conlleva distintas implicaciones legales. La prueba de Howey, desarrollada por la Corte Suprema de Estados Unidos, se utiliza comúnmente para evaluar si una criptomoneda califica como valor. Además de otros criterios predeterminados, la prueba determina si una inversión implica una expectativa de ganancias a partir del esfuerzo de otros. La clasificación de altcoins y tokens puede afectar significativamente su estatus legal y sus requisitos regulatorios.

Muchos países han introducido requisitos de licencia y registro para las empresas de criptomonedas, como los intercambios de criptomonedas y los proveedores de billeteras. Estas regulaciones tienen como objetivo garantizar que estas entidades operen con transparencia, cumplan con los procedimientos contra el lavado de dinero (AML) y conozca a su cliente (KYC), y protejan los intereses de los inversores. Obtener los registros y licencias necesarios puede ser un proceso costoso y que requiere mucho tiempo para las empresas de criptomonedas, lo que genera preocupaciones sobre la posible asfixia de la innovación.

La naturaleza seudónima de las criptomonedas ha generado preocupación sobre su posible uso indebido para el lavado de dinero y otras actividades ilícitas. Muchos países han introducido regulaciones AML y KYC para empresas de criptomonedas para abordar estas preocupaciones. Estas regulaciones requieren que los intercambios de criptomonedas y otras plataformas realicen la debida diligencia con sus clientes, informen actividades sospechosas y cumplan con los requisitos ALD.

A medida que crece el mercado de las criptomonedas, la protección de los inversores se ha convertido en una máxima prioridad para los reguladores. Los países han implementado diversas medidas para educar a los inversores sobre los peligros de invertir en criptomonedas y la importancia de realizar la debida diligencia. Los reguladores también han advertido sobre posibles estafas y esquemas fraudulentos en criptomonedas, alentando a los inversores a actuar con cautela.

El tratamiento fiscal de las altcoins y las ICO varía significativamente entre las diferentes jurisdicciones. Algunos países han implementado leyes integrales de impuestos a las criptomonedas, mientras que otros aún luchan con las complejidades de gravar las criptomonedas. La tributación de las transacciones de altcoins, las actividades mineras y los ingresos de las ICO es un área compleja que requiere una cuidadosa consideración y cumplimiento de las regulaciones fiscales.

La naturaleza global del mercado de las criptomonedas presenta desafíos para la aplicación regulatoria transfronteriza. Las transacciones de criptomonedas pueden trascender fácilmente las fronteras nacionales, lo que dificulta que los países individuales puedan regularlas de manera efectiva. La falta de consenso global sobre la regulación de las criptomonedas ha dado lugar a distintos niveles de arbitraje regulatorio y riesgos potenciales para inversores y empresas.

En respuesta a la naturaleza dinámica del mercado de las criptomonedas, algunos países han introducido iniciativas regulatorias de zona de pruebas. Estos entornos sandbox proporcionan un entorno controlado para que las empresas de criptomonedas prueben productos y servicios innovadores sin cumplir inmediatamente con todos los requisitos reglamentarios. Los entornos de pruebas regulatorios tienen como objetivo equilibrar el fomento de la innovación y la protección de inversores y consumidores.

La falta de uniformidad en la regulación de las criptomonedas ha generado llamados a la cooperación y armonización global. Organizaciones internacionales, como el Grupo de Acción Financiera Internacional (GAFI) y el G20, han iniciado esfuerzos para crear estándares regulatorios consistentes para las criptomonedas. La cooperación global puede ayudar a mitigar el arbitraje regulatorio, mejorar la protección de los inversores y fomentar un entorno regulatorio más predecible y estable.

La naturaleza cambiante del mercado de las criptomonedas y la continua aparición de nuevas altcoins y mecanismos de recaudación de fondos plantean desafíos continuos para los reguladores. Lograr un equilibrio entre fomentar la innovación y salvaguardar la estabilidad financiera sigue siendo un desafío clave para los reguladores de todo el mundo. Es probable que la regulación de las criptomonedas evolucione a medida que los reguladores se adapten a los nuevos avances tecnológicos y aborden los riesgos emergentes en el mercado.

El panorama regulatorio global para altcoins y ICO es un dominio complejo y en constante evolución. Diferentes países han adoptado diversos enfoques para regular las criptomonedas, lo que refleja los desafíos de equilibrar la innovación, la protección de los inversores y la estabilidad financiera.

Navegar por este panorama regulatorio requiere que los inversores y los proyectos de criptomonedas se mantengan actualizados sobre los últimos desarrollos y interactúen con los reguladores y los formuladores de políticas. Los esfuerzos de cooperación y armonización global pueden crear un entorno regulatorio más consistente y predecible para las altcoins y las ICO, respaldando la innovación responsable y el crecimiento a largo plazo en el mercado de las criptomonedas.

A medida que el ecosistema de las criptomonedas siga madurando, la necesidad de regulaciones claras y sensatas se hará cada vez más evidente, creando un entorno que fomente la innovación y al mismo tiempo salvaguarde los intereses de todas las partes interesadas en la comunidad global de las criptomonedas. Los desafíos de la regulación de las criptomonedas son importantes, pero con una colaboración cuidadosa entre los participantes de la industria, los reguladores y los formuladores de políticas, se pueden lograr los beneficios potenciales de un mercado de criptomonedas regulado y próspero.

Obligaciones de cumplimiento y presentación de informes para inversores de Altcoin

La aparición de altcoins ha revolucionado el panorama de las inversiones, ofreciendo a las personas oportunidades incomparables para participar en el dinámico mundo de las criptomonedas. Al igual que con cualquier inversión, los inversores de altcoins deben ser conscientes de sus obligaciones de cumplimiento y presentación de informes para garantizar que cumplen con los marcos legales de sus respectivas jurisdicciones. El rápido crecimiento de la industria de las criptomonedas ha dado lugar a un panorama regulatorio en evolución, en el que gobiernos y autoridades financieras de todo el mundo luchan por lograr un equilibrio entre fomentar la innovación y proteger a los inversores. Esta sección profundiza en las obligaciones de cumplimiento y presentación de informes para los inversores en altcoins, arrojando luz sobre las consideraciones regulatorias, las implicaciones fiscales y los requisitos de presentación de informes esenciales para afrontar las responsabilidades legales en las inversiones en criptomonedas.

El panorama regulatorio para las inversiones en altcoins varía significativamente entre los diferentes países y jurisdicciones. Si bien algunas naciones han adoptado las criptomonedas con regulaciones progresistas, otras se mantienen cautelosas y adoptan un enfoque más conservador. La falta de consenso global sobre la regulación de las criptomonedas ha creado un entorno regulatorio complejo y fragmentado. Los gobiernos y las autoridades financieras enfrentan el desafío de brindar claridad regulatoria y al mismo tiempo garantizar la protección de los inversores. Los inversores deben navegar por este panorama para comprender sus obligaciones y garantizar el cumplimiento de las leyes pertinentes.

Una de las principales preocupaciones en el mercado de las criptomonedas es determinar si las altcoins califican como valores. Las regulaciones de valores son cruciales para definir el estatus legal de las altcoins y someterlas a requisitos legales específicos. La prueba de Howey, establecida por la Corte Suprema de los EE. UU., se usa comúnmente para evaluar si una altcoin está clasificada como un valor. La prueba determina si una inversión implica la expectativa de obtener ganancias del esfuerzo de otros y si satisface otros requisitos. Los países difieren en su enfoque de las regulaciones de valores, lo que lleva a resultados diferentes para las altcoins. Algunos clasifican ciertas altcoins como valores, sometiéndolas a requisitos de registro, mientras que otros las ven como materias primas o tokens de utilidad, imponiendo diferentes obligaciones regulatorias.

Los inversores en altcoins suelen estar sujetos a medidas contra el lavado de dinero (AML) y conocen los requisitos de sus clientes (KYC). Estas regulaciones tienen como objetivo prevenir el lavado de dinero, el financiamiento del terrorismo y otras actividades ilícitas en criptomonedas. La naturaleza seudónima de las criptomonedas ha generado preocupación entre los reguladores sobre un posible uso indebido con fines ilegales. Para abordar este problema, muchos países han exigido procedimientos AML y KYC para los intercambios de criptomonedas y otras plataformas que facilitan las transacciones de altcoins. El cumplimiento de los requisitos AML y KYC es crucial para salvaguardar la integridad del sistema financiero y proteger a los inversores del fraude y las actividades ilegales.

Las inversiones en altcoins pueden tener implicaciones fiscales importantes, incluido el impuesto a las ganancias de capital, el impuesto a la renta y las obligaciones de presentación de informes. El tratamiento fiscal de las criptomonedas varía entre países y puede estar sujeto a reglas complejas. Los inversores deben comprender las implicaciones fiscales de sus inversiones en altcoins para informar con precisión sus ganancias y pérdidas a las autoridades fiscales. El incumplimiento de las obligaciones tributarias puede acarrear sanciones y consecuencias legales. Las leyes fiscales relacionadas con las criptomonedas evolucionan continuamente y los inversores deben mantenerse actualizados con los últimos desarrollos para seguir cumpliendo.

Las obligaciones de presentación de informes para los inversores de altcoins dependen de su jurisdicción y la naturaleza de sus inversiones. Las autoridades fiscales y los reguladores financieros exigen a los inversores que informen sobre sus transacciones y tenencias de criptomonedas a efectos fiscales y regulatorios. Los países pueden exigir que se informen las ganancias y pérdidas de criptomonedas en las declaraciones de impuestos anuales. Además, es posible que los inversores deban revelar sus tenencias de criptomonedas cuando excedan umbrales específicos. El incumplimiento de las obligaciones de presentación de informes puede tener consecuencias legales, incluidas multas y auditorías.

Los intercambios de cifrado desempeñan un papel crucial a la hora de facilitar las transacciones de altcoins y garantizar el cumplimiento de los requisitos reglamentarios. A menudo se exige que los intercambios cumplan con las regulaciones AML y KYC y reporten actividades sospechosas a las autoridades pertinentes.

Los intercambios regulados que priorizan el cumplimiento ayudan a promover la confianza de los inversores en el mercado de las criptomonedas. Se anima a los inversores a utilizar intercambios regulados y de buena reputación para garantizar la legitimidad de sus transacciones de altcoins.

Las inversiones en altcoins conllevan riesgos inherentes, incluida la volatilidad de los precios, violaciones de seguridad y cambios regulatorios. Los inversores deben mitigar diligentemente estos riesgos y tomar decisiones de inversión informadas. Realizar una investigación exhaustiva sobre proyectos de altcoins, analizar sus fundamentos y credenciales del equipo y evaluar el sentimiento del mercado son pasos esenciales para reducir los riesgos de inversión. Relacionarse con asesores financieros y expertos en blockchain de renombre puede proporcionar información valiosa para que los inversores naveguen por el mercado de las criptomonedas de manera responsable.

El mercado de las criptomonedas no es inmune a esquemas fraudulentos y estafas. Los inversores deben permanecer atentos para proteger sus inversiones y su información personal, desde proyectos falsos de altcoins hasta esquemas Ponzi e intentos de phishing. Reconocer las señales de alerta, como promesas poco realistas de altos rendimientos, falta de transparencia e información del equipo no verificable, puede ayudar a los inversores a evitar ser víctimas de estafas. La educación y la concientización sobre las estafas comunes son fundamentales para proteger a la comunidad de criptomonedas.

La educación y la concientización son fundamentales para la inversión responsable en altcoins. Los inversores deben comprender los riesgos, beneficios y obligaciones legales de las inversiones en altcoins. Los recursos educativos, talleres y seminarios pueden brindar a los inversores el conocimiento que necesitan para navegar de manera responsable en el mercado de las criptomonedas.

La regulación de las criptomonedas sigue siendo un área en rápida evolución y presenta desafíos tanto para los inversores como para los reguladores. La falta de uniformidad en los enfoques regulatorios entre los países crea complejidades de cumplimiento para los inversores globales. Los desarrollos futuros en la regulación de las criptomonedas, los avances tecnológicos y la cooperación regulatoria global darán forma al panorama de cumplimiento para los inversores de altcoins.

Han surgido organizaciones autorreguladoras (SRO) dentro del espacio de las criptomonedas para establecer mejores prácticas y códigos de conducta. Las SRO tienen como objetivo promover un comportamiento responsable entre los participantes de la industria y complementar la regulación gubernamental. Al adherirse a las pautas de SRO, los actores de la industria contribuyen a un ecosistema de criptomonedas más transparente y seguro.

La cooperación regulatoria global y el establecimiento de estándares industriales son esenciales para fomentar un marco regulatorio consistente y transparente para las inversiones en altcoins. La colaboración entre gobiernos, organizaciones internacionales y partes interesadas de la industria puede crear un entorno regulatorio más armonizado y responsable.

Las obligaciones de cumplimiento y presentación de informes son aspectos fundamentales de las inversiones en altcoins, lo que garantiza que los inversores actúen de acuerdo con los marcos legales de sus respectivas jurisdicciones. Comprender el panorama regulatorio, las implicaciones fiscales y los requisitos de presentación de informes es esencial para que los inversores en altcoins naveguen de manera responsable en el mundo de las inversiones en criptomonedas.

Al mantenerse informados, realizar la debida diligencia y buscar asesoramiento profesional cuando sea necesario, los inversores en altcoins pueden participar con confianza en el dinámico mundo de las criptomonedas mientras cumplen con sus responsabilidades legales y protegen sus inversiones. Los avances en curso en la regulación de las criptomonedas presentan tanto oportunidades como desafíos, y la cooperación global entre las partes interesadas es vital para dar forma a un ecosistema de criptomonedas más inclusivo, transparente y seguro para el mundo.

Implicaciones fiscales de las inversiones en Altcoin

Las criptomonedas han capturado la imaginación de los inversores en todo el mundo y ofrecen oportunidades sin precedentes para el crecimiento financiero y la innovación tecnológica. Las inversiones en altcoins, en particular, han ganado fuerza a medida que los inversores buscan diversos activos digitales más allá del popular Bitcoin. Sin embargo, en medio del entusiasmo del mercado de las criptomonedas, los inversores no deben pasar por alto el aspecto crucial de las implicaciones fiscales. El tratamiento fiscal de las inversiones en altcoins varía significativamente entre las diferentes jurisdicciones, y comprender estas complejidades es esencial para garantizar el cumplimiento y evitar posibles consecuencias legales. Esta sección explora las implicaciones fiscales de las inversiones en altcoins, profundizando en consideraciones clave como el impuesto a las ganancias de capital, las obligaciones de presentación de informes, las deducciones fiscales y los posibles desarrollos futuros en la tributación de las criptomonedas.

El tratamiento fiscal de las criptomonedas, incluidas las altcoins, varía ampliamente en todo el mundo. Algunos países han implementado regulaciones integrales sobre impuestos a las criptomonedas, mientras que otros aún tienen que proporcionar una orientación clara. Los diversos enfoques regulatorios plantean desafíos para los inversores de altcoins, ya que deben navegar por diferentes leyes fiscales según su país de residencia y la jurisdicción en la que realizan sus inversiones.

A efectos fiscales, es fundamental que los inversores identifiquen y categoricen con precisión sus transacciones de altcoins. Los diferentes tipos de transacciones, como la compra, venta, intercambio y uso de altcoins para bienes y servicios, pueden tener distintas implicaciones fiscales. Comprender el tratamiento fiscal de cada tipo de transacción es esencial para una adecuada presentación de informes y cumplimiento tributario.

Una de las principales consideraciones fiscales para las inversiones en altcoins es el impuesto a las ganancias de capital. Un inversor puede estar sujeto al impuesto sobre las ganancias de capital sobre la ganancia realizada cuando vende una altcoin con una ganancia. Los países tienen diferentes tasas impositivas y períodos de tenencia para determinar las ganancias de capital a largo y corto plazo. Estas tasas pueden afectar significativamente la obligación tributaria de los inversores de altcoins.

A los inversores de altcoins a menudo se les exige que informen de sus transacciones en criptomonedas a las autoridades fiscales. Esto incluye proporcionar información sobre ganancias, pérdidas y el valor justo de mercado de las altcoins en el momento de la adquisición y disposición. Las obligaciones de presentación de informes pueden variar según el país de residencia del inversor y la cantidad de transacciones en criptomonedas realizadas.

Los inversores en altcoins pueden ser elegibles para deducciones fiscales por las pérdidas incurridas por inversiones en criptomonedas. Estas deducciones pueden ayudar a compensar las ganancias imponibles y reducir la obligación tributaria general. Comprender las reglas y limitaciones para reclamar deducciones fiscales por pérdidas de altcoins es esencial para maximizar los beneficios fiscales.

La minería y el stake de altcoins implican ganar criptomonedas como recompensa por validar transacciones o participar en redes blockchain. El tratamiento fiscal de las actividades mineras y de participación varía según las jurisdicciones y puede estar sujeto a diferentes reglas. Los mineros y apostadores de altcoins deben considerar cuidadosamente las implicaciones fiscales de sus actividades y declarar cualquier ingreso generado en consecuencia.

Las bifurcaciones y lanzamientos aéreos de altcoins pueden presentar desafíos fiscales únicos para los inversores. El tratamiento fiscal de estos eventos puede depender de varios factores, como si el inversor recibió nuevas monedas y el valor justo de mercado de las monedas recibidas. Navegar por las implicaciones fiscales de las bifurcaciones y los airdrops puede ser complejo, y los inversores deben buscar asesoramiento profesional para garantizar el cumplimiento.

Las inversiones en criptomonedas a menudo trascienden las fronteras nacionales, lo que genera implicaciones fiscales transfronterizas. Los inversores internacionales deben conocer los tratados y acuerdos fiscales entre países para evitar la doble imposición y cumplir con los requisitos de presentación de informes. La falta de uniformidad en las regulaciones fiscales transfronterizas añade complejidad a las consideraciones fiscales de las inversiones en altcoins.

El panorama de las criptomonedas evoluciona continuamente y las regulaciones fiscales no son una excepción. Los gobiernos y las autoridades financieras pueden introducir nueva legislación o actualizar las leyes fiscales existentes para abordar los desafíos que plantea el creciente mercado de las criptomonedas. Los inversores en altcoins deben permanecer atentos a posibles cambios en las regulaciones fiscales y mantenerse informados sobre los últimos acontecimientos.

Dadas las complejidades de la tributación de las criptomonedas, se anima a los inversores de altcoins a buscar asesoramiento fiscal profesional. Los expertos en impuestos con experiencia en impuestos a las criptomonedas pueden proporcionar información valiosa y garantizar que los inversores cumplan con las leyes fiscales pertinentes. El asesoramiento profesional puede ayudar a los inversores a optimizar sus posiciones fiscales y minimizar los riesgos potenciales de incumplimiento.

El mantenimiento de registros precisos es crucial para que los inversores de altcoins cumplan con sus obligaciones fiscales. Mantener registros detallados de las transacciones de altcoins, incluidos los costos de adquisición, las fechas de las transacciones y los volúmenes de las transacciones, es esencial para obtener informes fiscales precisos. Las buenas prácticas de mantenimiento de registros también pueden agilizar el proceso de preparación de impuestos y minimizar el riesgo de errores en la declaración de impuestos.

Las altcoins sirven para diversos propósitos en el ecosistema de las criptomonedas, que van desde tokens de utilidad para acceder a los servicios de la plataforma hasta tokens de seguridad que representan la propiedad de un activo subyacente. Las implicaciones fiscales de las altcoins pueden variar según su caso de uso específico y su clasificación. Para cumplir con las regulaciones fiscales pertinentes, los inversores deben comprender el tratamiento fiscal de los diferentes casos de uso de altcoins.

Los inversores de altcoins pueden emplear diversas estrategias de minimización y planificación fiscal para optimizar sus obligaciones fiscales. Estas estrategias pueden incluir una sincronización estratégica de las transacciones, una estructuración fiscalmente eficiente de las inversiones y la maximización de las deducciones disponibles. Comprender e implementar estrategias de planificación fiscal puede ayudar a los inversores a retener una mayor parte de sus ganancias y reducir su carga fiscal general.

Los inversores en altcoins que participan en actividades de préstamo o financiación utilizando sus tenencias de criptomonedas pueden enfrentar implicaciones fiscales específicas. El tratamiento fiscal de los ingresos por intereses, los incumplimientos de préstamos y las transacciones relacionadas puede variar según la jurisdicción. Los inversores deben conocer las normas fiscales que rigen los préstamos y la financiación de altcoins para evitar posibles problemas fiscales.

La tributación de las criptomonedas continúa presentando desafíos tanto para los reguladores como para los inversores. La falta de uniformidad en las leyes tributarias de los diferentes países puede generar desafíos de cumplimiento para los inversores globales. La incertidumbre regulatoria complica aún más la tributación de las altcoins, especialmente en países con directrices fiscales ambiguas u obsoletas.

Las herramientas de análisis de blockchain se han convertido en un recurso valioso para que las autoridades fiscales rastreen y rastreen las transacciones de criptomonedas. Estas herramientas pueden ayudar a las autoridades tributarias a identificar posibles evasiones fiscales y hacer cumplir el cumplimiento. Los inversores en altcoins deben ser conscientes de que sus actividades con criptomonedas en cadenas de bloques públicas pueden estar sujetas al escrutinio de las autoridades fiscales.

La comunidad de criptomonedas y las partes interesadas de la industria continúan abogando por regulaciones fiscales claras y sensatas. Las leyes fiscales transparentes y prácticas pueden fomentar la innovación, el cumplimiento y un entorno propicio para las inversiones en criptomonedas. Discutir con los reguladores y apoyar iniciativas para una mejor orientación fiscal sobre las criptomonedas puede beneficiar a todo el ecosistema criptográfico.

Es probable que las leyes fiscales avancen aún más a medida que el mercado de las criptomonedas se desarrolle y se vuelva más popular. Los gobiernos pueden tratar de lograr un equilibrio entre fomentar la innovación y aplicar medidas tributarias razonables. Los inversores en altcoins deben mantenerse informados sobre la evolución de los impuestos a las criptomonedas para adaptar sus estrategias en consecuencia.

Explorar las implicaciones fiscales de las inversiones en altcoins es crucial para una inversión criptográfica responsable. A medida que el entorno regulatorio en todo el mundo sigue cambiando, los inversores de altcoins deben mantenerse informados sobre las leyes fiscales de sus jurisdicciones y buscar asesoramiento profesional para garantizar el cumplimiento. Comprender el impuesto sobre las ganancias de capital, las obligaciones de presentación de informes, las deducciones fiscales y otras consideraciones fiscales ayudará a los inversores a tomar decisiones informadas y salvaguardar sus inversiones.

Al mantenerse proactivos y cumplir con las obligaciones de cumplimiento tributario, los inversores en altcoins pueden participar con confianza en el dinámico mundo de las criptomonedas mientras cumplen con sus responsabilidades legales y contribuyen al crecimiento de este ecosistema financiero transformador. A medida que el mercado de las criptomonedas madura, la importancia de contar con regulaciones fiscales claras y sensatas se vuelve cada vez más evidente, creando un entorno que fomenta la innovación y las inversiones responsables en criptomonedas para los inversores de todo el mundo.

CAPÍTULO VIII

Riesgos y desafíos de la inversión en Altcoin

Volatilidad y fluctuaciones del mercado

Las criptomonedas han experimentado un aumento meteórico en popularidad, y las altcoins desempeñan un papel importante en la diversificación del panorama de los activos digitales. La inversión en altcoins ha atraído tanto a comerciantes experimentados como a recién llegados que buscan oportunidades de crecimiento financiero. Sin embargo, el mercado de altcoins es conocido por su extrema volatilidad y frecuentes fluctuaciones del mercado, lo que crea una montaña rusa para los inversores. Esta sección profundiza en las complejidades de la volatilidad del mercado de altcoins, explorando los factores que influyen en las oscilaciones de precios, el impacto del sentimiento del mercado, las estrategias de gestión de riesgos y la importancia de una perspectiva a largo plazo en la inversión en altcoins.

La volatilidad son las fluctuaciones del precio de un activo durante un período específico. En el contexto de las altcoins, la volatilidad es una característica definitoria del mercado, y los precios a menudo experimentan altibajos significativos en períodos de tiempo cortos. Varios factores contribuyen a la alta volatilidad de las altcoins, incluida su capitalización de mercado relativamente pequeña, su liquidez limitada y su sensibilidad a noticias y eventos externos.

El mercado de altcoins está influenciado por el sentimiento de los inversores, que puede estar impulsado por el miedo, la codicia y la exageración del mercado. La inversión emocional puede llevar a decisiones irracionales, como ventas de pánico durante las caídas del mercado o compras FOMO (miedo a perderse algo) durante rápidos repuntes de precios. Comprender y gestionar las respuestas emocionales es crucial para que los inversores de altcoins tomen decisiones racionales y eviten caer en trampas psicológicas comunes.

Varios factores contribuyen a las fluctuaciones de precios de las altcoins. Estos incluyen avances y actualizaciones tecnológicos, desarrollos regulatorios, tendencias macroeconómicas, sentimiento de los inversores y manipulaciones del mercado. Los inversores de altcoins deben mantenerse informados sobre estos factores y realizar investigaciones exhaustivas para tomar decisiones de inversión informadas.

Dada la alta volatilidad de los mercados de altcoins, la gestión de riesgos es primordial para los inversores. La diversificación, el establecimiento de órdenes de limitación de pérdidas y el tamaño de las posiciones son algunas de las estrategias para mitigar los riesgos. Comprender la tolerancia al riesgo y alinear las estrategias de inversión en consecuencia puede ayudar a los inversores a navegar en el impredecible mercado de altcoins.

El mercado de altcoins es susceptible a la manipulación del mercado, y suelen ocurrir esquemas de bombeo y descarga. Las acciones de manipulación pueden provocar aumentos artificiales de precios y caídas dramáticas, dejando a los inversores desprevenidos con pérdidas. Los reguladores e inversores deben estar atentos a la manipulación del mercado y las actividades fraudulentas para proteger la integridad del mercado de las criptomonedas.

Las noticias y las redes sociales desempeñan un papel importante a la hora de moldear el sentimiento de los inversores e influir en los precios de las altcoins. Las noticias positivas o negativas pueden desencadenar fuertes movimientos de precios y las plataformas de redes sociales pueden amplificar las reacciones del mercado. Los inversores de altcoins deben tener precaución al tomar decisiones de inversión basadas en noticias y publicaciones en redes sociales, realizando investigaciones exhaustivas para verificar la información.

Si bien los mercados de altcoins pueden ser muy volátiles en el corto plazo, adoptar una perspectiva a largo plazo puede ayudar a los inversores a capear la tormenta de las fluctuaciones del mercado. Invertir en altcoins fundamentalmente fuertes con casos de uso del mundo real y equipos de desarrollo sólidos puede aumentar la probabilidad de éxito a largo plazo.

Las estrategias comerciales de altcoins varían según el apetito de riesgo individual y las condiciones del mercado. El trading intradía, el swing trading y el hodling (mantener a largo plazo) son algunos de los enfoques más utilizados. Comprender las recompensas y los riesgos asociados con las diferentes estrategias comerciales es esencial para el éxito del comercio de altcoins.

Utilizando datos históricos de precios y volumen de operaciones, el análisis técnico es una estrategia destacada utilizada por los comerciantes de altcoins para pronosticar los movimientos de precios. Si bien el análisis técnico puede proporcionar información valiosa, es esencial combinarlo con el análisis fundamental y no depender únicamente de patrones históricos.

La facilidad para comprar o vender un activo sin afectar significativamente su precio se denomina liquidez. Las altcoins con mayor liquidez tienden a experimentar precios más estables en comparación con aquellas con menor liquidez. Las consideraciones de liquidez son cruciales para los inversores de altcoins, especialmente al entrar o salir de posiciones.

Las altcoins pueden servir como una valiosa adición a las carteras de inversión diversificadas, brindando exposición a diversos activos más allá de los mercados financieros tradicionales. Sin embargo, los inversores deberían evaluar cuidadosamente su tolerancia al riesgo y asignar sólo una parte de sus carteras a inversiones en altcoins.

La educación financiera juega un papel crucial en la inversión en altcoins. Comprender los fundamentos de las criptomonedas, la tecnología blockchain y los principios de inversión permite a los inversores tomar decisiones informadas. La educación financiera también puede ayudar a los inversores a evitar trampas y estafas comunes en el mercado de altcoins.

El panorama regulatorio puede afectar significativamente los mercados de altcoins, afectando la confianza de los inversores y la liquidez del mercado. La claridad y las regulaciones equilibradas pueden crear un entorno más estable y transparente para las inversiones en altcoins.

La adopción de altcoins en el mundo real es un factor clave de su valor a largo plazo. Las altcoins con casos de uso práctico y adopción por parte de empresas y consumidores tienen más probabilidades de prosperar a largo plazo. Los inversores deben evaluar el potencial de adopción en el mundo real al evaluar las inversiones en altcoins.

Examinar los ciclos de mercado pasados en el espacio de las criptomonedas puede ofrecer información valiosa para los inversores de altcoins. El análisis de datos y patrones históricos puede ayudar a los inversores a tomar decisiones más informadas y evitar repetir errores del pasado.

La sostenibilidad es una consideración crucial en la inversión en altcoins. Las altcoins con un fuerte enfoque en la sostenibilidad, el apoyo de la comunidad y el desarrollo continuo tienen más probabilidades de capear las fluctuaciones del mercado. Los inversores deberían evaluar la sostenibilidad a largo plazo de los proyectos de altcoins antes de tomar decisiones de inversión.

La inversión en altcoins conlleva inherentemente riesgos, pero también ofrece la posibilidad de obtener importantes recompensas. Un componente clave del comercio de altcoins es equilibrar el riesgo y la recompensa, y los inversores deben estar preparados para aceptar tanto la posibilidad de pérdidas como de ganancias.

A medida que evoluciona el mercado de las criptomonedas, se espera que la inversión en altcoins se vuelva más sofisticada y madura. Es probable que la adopción institucional, las regulaciones mejoradas y los avances tecnológicos den forma al futuro de la inversión en altcoins.

La inversión en Altcoin ofrece oportunidades incomparables de diversificación y crecimiento financiero potencial. Sin embargo, la naturaleza volátil e impredecible de los mercados de altcoins requiere que los inversores actúen con cautela, realicen investigaciones exhaustivas y adopten estrategias prudentes de gestión de riesgos. Comprender los factores que influyen en las fluctuaciones de los precios de las altcoins, el impacto del sentimiento del mercado y la importancia de una perspectiva a largo plazo puede ayudar a los inversores a navegar las complejidades de la inversión en altcoins. Con una toma de decisiones responsable e informada, los inversores pueden participar en el dinámico mundo de las altcoins mientras minimizan los riesgos y se posicionan para posibles recompensas en el cambiante panorama de las criptomonedas.

Preocupaciones de seguridad e incidentes de piratería

El auge de las altcoins ha abierto nuevas vías para que los inversores participen en las criptomonedas. Si bien la inversión en altcoins ofrece interesantes oportunidades de crecimiento financiero, también plantea preocupaciones de seguridad. La naturaleza digital de las criptomonedas las hace susceptibles a incidentes de piratería informática y ataques cibernéticos, lo que plantea riesgos importantes para los activos de los inversores. Esta sección explora los desafíos de seguridad que enfrentan los inversores de altcoins, los diversos tipos de incidentes de piratería que han ocurrido, las mejores prácticas para salvaguardar los criptoactivos y el papel de las partes interesadas de la industria en la creación de un entorno de inversión seguro.

La inversión en altcoins presenta desafíos de seguridad únicos debido a la naturaleza descentralizada y seudónima de las criptomonedas . Los riesgos de seguridad comunes incluyen ataques de phishing, infecciones de malware, hackeos de intercambios y vulnerabilidades en contratos inteligentes. Comprender estos riesgos es esencial para que los inversores adopten las medidas de seguridad adecuadas.

Varios incidentes de piratería de alto perfil han sacudido el mercado de altcoins, lo que ha provocado importantes pérdidas financieras para los inversores. El hackeo de Mt. Gox, el ataque DAO y el hackeo de Coincheck son algunos de los incidentes notables que han dado forma al enfoque de seguridad de la industria. El análisis de estos incidentes proporciona información valiosa sobre las vulnerabilidades de las plataformas altcoins y la importancia de las medidas de seguridad proactivas.

Los ataques de phishing son una táctica común que utilizan los piratas informáticos para robar información confidencial de inversores desprevenidos, como credenciales de inicio de sesión y claves privadas. Comprender las técnicas de ingeniería social e implementar métodos de autenticación sólidos es crucial para protegerse contra ataques de phishing.

El malware y el ransomware representan amenazas importantes para los inversores de altcoins, y los atacantes utilizan software malicioso para obtener acceso no autorizado a billeteras digitales y claves privadas. Los inversores deben implementar prácticas sólidas de ciberseguridad y utilizar software antivirus confiable para mitigar estos riesgos.

Las carteras de criptomonedas desempeñan un papel vital en la protección de los activos de los inversores. Comprender los diferentes tipos de billeteras, como hardware, software y billeteras de papel, es esencial para tomar decisiones informadas. Los inversores también deben seguir las mejores prácticas, como usar contraseñas seguras y habilitar la autenticación de dos factores, para proteger sus billeteras criptográficas de manera efectiva.

Los intercambios de criptomonedas sirven como objetivos principales para los piratas informáticos debido a las grandes cantidades de activos digitales que contienen. Comprender las características de seguridad del intercambio, el cumplimiento normativo y la reputación es crucial para elegir una plataforma comercial confiable.

Además, los inversores deberían considerar el uso de carteras de hardware para el almacenamiento a largo plazo y limitar la cantidad de fondos que se mantienen en las bolsas.

Los contratos inteligentes, una característica fundamental de algunas plataformas de altcoins, no son inmunes a las vulnerabilidades de seguridad. El incidente de DAO demostró las consecuencias de los contratos inteligentes explotables. Las auditorías de contratos inteligentes, las revisiones de códigos y los programas de recompensas por errores pueden ayudar a mitigar los riesgos de los contratos inteligentes.

Las iniciativas regulatorias son vitales para mejorar los estándares de seguridad en el mercado de altcoins. Los gobiernos y las autoridades financieras se centran cada vez más en la protección de los inversores y las regulaciones de ciberseguridad. Comprender el panorama regulatorio y cumplir con los requisitos de cumplimiento puede mejorar la protección de los inversores.

Las partes interesadas de la industria, incluidos los desarrolladores de altcoins, los intercambios y los proveedores de billeteras, son responsables de priorizar la seguridad en sus operaciones. La comunicación transparente sobre incidentes de seguridad, la mejora continua de las medidas de seguridad y la colaboración con la comunidad criptográfica en general son esenciales para construir un ecosistema seguro.

La educación y la concientización son aspectos cruciales para mitigar los riesgos de seguridad en la inversión en altcoins. Los inversores deben mantenerse informados sobre las últimas amenazas a la seguridad, adoptar las mejores prácticas de seguridad y buscar asesoramiento profesional si es necesario. Promover una cultura de concienciación sobre la ciberseguridad puede ayudar a proteger a toda la comunidad de altcoins.

A medida que el mercado de las criptomonedas madura, están surgiendo soluciones de seguros para los inversores de altcoins. El seguro de criptomonedas puede brindar protección adicional contra pérdidas financieras resultantes de incidentes de piratería. Comprender los términos y la cobertura de las pólizas de seguro de criptomonedas es esencial para tomar decisiones informadas.

En caso de un incidente de piratería informática o una violación de la seguridad, los inversores de altcoins pueden buscar recursos legales y mecanismos de resolución de disputas. Comprender el marco legal y las posibles soluciones puede ayudar a los inversores a proteger sus derechos en tales situaciones.

Los programas de piratería ética y recompensas por errores son cada vez más frecuentes en las altcoins. Estas iniciativas alientan a los investigadores de seguridad a identificar e informar vulnerabilidades a cambio de recompensas. La implementación de programas de recompensas por errores puede mejorar la postura de seguridad de las plataformas altcoins.

A medida que evolucione el mercado de altcoins, la seguridad seguirá siendo una máxima prioridad para los inversores y las partes interesadas de la industria. Se espera que los avances en la tecnología blockchain, las soluciones de privacidad y los marcos regulatorios den forma al futuro de la seguridad de las altcoins.

Las preocupaciones de seguridad y los incidentes de piratería plantean desafíos importantes para los inversores de altcoins en un panorama digital. Comprender los diversos riesgos de seguridad, implementar medidas de seguridad sólidas y actuar con precaución son cruciales para salvaguardar los criptoactivos. A medida que crece el mercado de altcoins, las partes interesadas de la industria deben colaborar para establecer un entorno de inversión seguro y resiliente. Con educación, concientización y mejoras continuas en las prácticas de seguridad, los inversores pueden navegar con confianza en el espacio de las altcoins y aprovechar el potencial de las criptomonedas para el crecimiento financiero a largo plazo.

Falta de regulación y protección a los inversores

El mundo de las criptomonedas, incluidas las altcoins, ha atraído una gran atención por parte de los inversores que buscan oportunidades en el espacio de los activos digitales. Si bien la inversión en altcoins ofrece perspectivas interesantes, también conlleva riesgos inherentes, particularmente en relación con la falta de una regulación integral y protección a los inversores. A diferencia de los mercados financieros tradicionales, el panorama de las criptomonedas opera en un entorno relativamente desregulado, lo que genera preocupaciones sobre la integridad del mercado, las actividades fraudulentas y la seguridad de los fondos de los inversores. Esta sección profundiza en los desafíos que plantea la falta de regulación y protección de los inversores en la inversión en altcoins, explora los riesgos y beneficios potenciales de la regulación y examina el papel de las partes interesadas de la industria en la mejora de las salvaguardas de los inversores.

Los mercados de altcoins existen dentro de un ecosistema descentralizado, libre de la estricta supervisión regulatoria que rige los sistemas financieros tradicionales. La falta de una autoridad centralizada y de marcos regulatorios uniformes ha dado lugar a una amplia gama de proyectos de altcoins, cada uno de los cuales opera con distintos grados de transparencia y responsabilidad. Esta naturaleza descentralizada presenta tanto oportunidades como riesgos para los inversores.

La naturaleza global del mercado de las criptomonedas complica el establecimiento de marcos regulatorios integrales. Diferentes países y jurisdicciones han adoptado diversos enfoques para la regulación de las criptomonedas, lo que genera ambigüedad regulatoria y posibles conflictos. Los inversores pueden estar sujetos a riesgos y cuestiones jurídicas difíciles debido a la falta de leyes claras y coherentes.

En los sistemas financieros tradicionales, las protecciones a los inversores, como el seguro de depósitos y las regulaciones sobre valores, tienen como objetivo salvaguardar los intereses de los consumidores y mantener la integridad del mercado. Sin embargo, la ausencia de protecciones similares en el mercado de altcoins deja a los inversores vulnerables a esquemas fraudulentos y manipulaciones del mercado.

La falta de regulación puede facilitar la manipulación del mercado y el uso de información privilegiada en los mercados de altcoins. Los esquemas de bombeo y descarga, en los que los precios de ciertas altcoins se inflan artificialmente y luego se venden rápidamente, son ejemplos comunes de manipulación del mercado. Los inversores deben actuar con cautela y realizar la debida diligencia para evitar ser víctimas de este tipo de esquemas.

Las ofertas iniciales de monedas (ICO) han sido tanto una bendición como una pesadilla para el mercado de altcoins. Si bien las ICO legítimas han proporcionado financiación para proyectos innovadores, numerosas ICO fraudulentas y estafas de salida han resultado en pérdidas sustanciales para los inversores. Se ha vuelto más sencillo para los estafadores aprovecharse de inversores desprevenidos debido a la falta de reglas estrictas.

La volatilidad inherente de los mercados de altcoins y la falta de protección de los inversores pueden generar pérdidas significativas para los inversores. A diferencia de los mercados financieros tradicionales, donde las autoridades reguladoras pueden intervenir para estabilizar los mercados durante períodos de extrema volatilidad, los inversores en altcoins están expuestos a todo el peso de las fluctuaciones de precios. La gestión del riesgo se vuelve primordial en un entorno no regulado.

La falta de regulación en los mercados de altcoins ha provocado debates sobre el papel de los gobiernos y los organismos reguladores. Algunos sostienen que la intervención regulatoria es necesaria para proteger a los inversores y garantizar la estabilidad del mercado, mientras que otros abogan por un enfoque de no intervención para fomentar la innovación y la descentralización. Equilibrar la necesidad de proteger a los inversores con la promoción de avances tecnológicos es un desafío complejo.

Si bien algunos temen que una regulación excesiva pueda sofocar la innovación, otros creen que unas regulaciones claras y determinadas pueden fomentar la confianza en el mercado de altcoins y atraer inversores institucionales. La claridad regulatoria puede proporcionar igualdad de condiciones para los participantes del mercado y promover prácticas responsables.

A falta de regulaciones gubernamentales integrales, las partes interesadas de la industria han asumido la responsabilidad de la autorregulación. Las organizaciones y asociaciones dentro del espacio de las criptomonedas han establecido estándares y mejores prácticas para mejorar la transparencia y la rendición de cuentas.

A nivel internacional, varias organizaciones y foros están trabajando para desarrollar enfoques armonizados para la regulación de las criptomonedas. Estos esfuerzos tienen como objetivo abordar los desafíos transfronterizos y promover la colaboración global en la regulación de los mercados de altcoins. Los marcos regulatorios internacionales coordinados pueden mejorar la protección de los inversionistas y reducir el arbitraje regulatorio.

En un entorno no regulado, la educación de los inversores y la diligencia debida se vuelven primordiales. Comprender los riesgos y realizar una investigación exhaustiva antes de invertir en altcoins puede ayudar a los inversores a tomar decisiones informadas. Las partes interesadas de la industria, incluidas las bolsas y los proyectos de ICO, también deberían priorizar la educación de los inversores.

Los gobiernos y los organismos reguladores tienen un papel que desempeñar en el fomento de un mercado de altcoins seguro y favorable a los inversores. Las políticas de protección de los inversores, los requisitos de licencia para las empresas de criptomonedas y las medidas contra el lavado de dinero pueden infundir confianza en el mercado. Equilibrar las medidas regulatorias con la innovación es crucial para sostener el crecimiento a largo plazo.

La regulación debería lograr un equilibrio entre proteger a los inversores y fomentar la innovación responsable en el mercado de altcoins. Las políticas que fomentan el cumplimiento y al mismo tiempo dejan espacio para la experimentación pueden respaldar el crecimiento de tecnologías transformadoras.

Los desarrolladores e intercambios de altcoins también desempeñan un papel fundamental en la mejora de las salvaguardias de los inversores. La implementación de mejores prácticas de seguridad, la realización de auditorías periódicas y la promoción de una comunicación transparente pueden generar confianza entre los inversores. Los intercambios deben priorizar las medidas de seguridad para salvaguardar los fondos de los usuarios.

Algunos gobiernos han introducido zonas de pruebas regulatorias para permitir que los proyectos de blockchain y criptomonedas funcionen en condiciones controladas. Estos entornos de pruebas proporcionan un campo de pruebas controlado para la innovación y, al mismo tiempo, garantizan que se respeten las protecciones de los inversores.

La colaboración entre las partes interesadas de la industria, incluidos proyectos de altcoins, intercambios y comunidades de inversores, puede fomentar el autogobierno y establecer estándares de la industria. Estas iniciativas pueden complementar los esfuerzos regulatorios y crear un entorno de inversión más seguro.

El mercado de altcoins evoluciona continuamente y es probable que los cambios regulatorios den forma a su futuro. A medida que el mercado madure, puede ser necesaria una mayor claridad regulatoria y protección de los inversores para un crecimiento sostenido.

La falta de una regulación integral y de protección de los inversores en el mercado de altcoins plantea desafíos importantes para los inversores que buscan participar en activos digitales. Si bien la ausencia de restricciones regulatorias ha fomentado la innovación y la descentralización, también ha expuesto a los inversores a una variedad de riesgos, incluidas estafas, manipulación del mercado y volatilidad.

En este panorama inexplorado, los inversores deben actuar con cautela, realizar investigaciones exhaustivas y adoptar estrategias de gestión de riesgos para proteger sus activos. Mientras tanto, las partes interesadas de la industria, los gobiernos y los organismos reguladores tienen un papel que desempeñar en el establecimiento de un entorno regulatorio equilibrado que fomente la innovación y al mismo tiempo proteja los intereses de los inversores.

Con prácticas responsables, educación de los inversores y esfuerzos de colaboración, el mercado de altcoins puede seguir evolucionando como una fuerza dinámica y transformadora en el panorama financiero. Sin embargo, lograr el equilibrio adecuado entre innovación y protección de los inversores será crucial para dar forma al futuro de la inversión en altcoins.

CAPÍTULO IX

Perspectivas futuras para Altcoins y ICO

Tendencias que dan forma al mercado de altcoins

El mercado de altcoins, un panorama dinámico y en constante cambio de criptomonedas más allá de Bitcoin, ha sido testigo de un crecimiento y una evolución notables en los últimos años. A medida que los activos digitales continúan capturando la imaginación de inversores, comerciantes y entusiastas de la tecnología, numerosas tendencias están dando forma a la dirección de las altcoins y del ecosistema de criptomonedas en general. Esta sección profundiza en las tendencias clave que dan forma al mercado de altcoins, explorando los avances tecnológicos, la dinámica del mercado, los desarrollos regulatorios, los cambios en el comportamiento de los inversores y las implicaciones de estas tendencias en el futuro de las criptomonedas. Comprender estas tendencias es esencial para los inversores que buscan navegar en el complejo y en rápida evolución del mundo de las inversiones en altcoins.

Las finanzas descentralizadas (DeFi) se han convertido en una tendencia innovadora en el mercado de altcoins. Las plataformas DeFi aprovechan la tecnología blockchain para brindar una amplia gama de servicios financieros como préstamos, empréstitos, intercambios descentralizados y agricultura de rendimiento sin intermediarios.

El movimiento DeFi representa un cambio fundamental hacia un sistema financiero más inclusivo y transparente. Los protocolos DeFi tienen como objetivo democratizar el acceso a los servicios financieros eliminando intermediarios, permitiendo que cualquier persona con una conexión a Internet participe en mercados financieros que antes eran exclusivos.

El crecimiento exponencial de DeFi ha abierto nuevas oportunidades para que los inversores generen ingresos pasivos y maximicen la rentabilidad de sus tenencias de criptomonedas mediante la agricultura de rendimiento y la provisión de liquidez. Sin embargo, la rápida proliferación de proyectos DeFi también ha generado preocupaciones sobre la seguridad y audibilidad de los contratos inteligentes, lo que ha llevado a las partes interesadas de la industria a explorar soluciones innovadoras para mejorar la seguridad y la resiliencia de las plataformas DeFi.

Los tokens no fungibles (NFT) han arrasado en el escenario mundial, transformando la forma en que percibimos la propiedad en la era digital. Las NFT representan activos únicos e indivisibles, que permiten a los creadores tokenizar sus obras de arte digitales, música, bienes raíces virtuales y otras obras creativas.

La explosión de las NFT ha abierto nuevas vías para que artistas, músicos y creadores de contenido moneticen su trabajo directamente a través de mercados basados en blockchain. La capacidad de demostrar la procedencia, la propiedad y la autenticidad de los activos digitales mediante NFT ha revolucionado el mercado del arte y los objetos de colección, permitiendo la propiedad fraccionada y desbloqueando liquidez para activos que antes no eran líquidos.

Si bien las NFT han sido testigos de valoraciones asombrosas para ciertas obras de alto perfil, los críticos argumentan que el mercado de NFT puede ser susceptible a burbujas especulativas y volatilidad de precios. Sin embargo, no se puede ignorar el potencial transformador de las NFT para alterar los modelos tradicionales de derechos de autor y empoderar a los creadores.

La escalabilidad ha sido un desafío persistente para muchas redes blockchain, lo que ha provocado congestión y altas tarifas de transacción durante los períodos de máxima demanda. Las soluciones de Capa 2 tienen como objetivo abordar estos problemas descargando parte del procesamiento de transacciones fuera de la cadena de bloques principal, aumentando así la capacidad de la red y reduciendo las tarifas.

Lightning Network para Bitcoin y las actualizaciones de red de Ethereum, como Ethereum 2.0 y Optimistic Rollups, se encuentran entre las soluciones de Capa 2 destacadas que buscan mejorar la escalabilidad y la experiencia del usuario.

Las soluciones de Capa 2 tienen el potencial de desbloquear todas las capacidades de las redes blockchain, permitiéndoles admitir una gama más amplia de aplicaciones y casos de uso. Sin embargo, la implementación exitosa de estas soluciones depende de equilibrar la escalabilidad, la seguridad y la descentralización.

A medida que crece el número de redes blockchain, la cuestión de la interoperabilidad se ha vuelto cada vez más crucial. Los proyectos de interoperabilidad entre cadenas buscan conectar ecosistemas de blockchain dispares, permitiendo transferencias de activos fluidas e interacciones de contratos inteligentes entre diferentes redes.

La interoperabilidad es fundamental para desbloquear todo el potencial de la tecnología blockchain al facilitar la colaboración entre plataformas y el intercambio de activos. A medida que el mercado de altcoins se diversifique y las cadenas de bloques especializadas ganen terreno, las soluciones entre cadenas desempeñarán un papel fundamental en la promoción de la interoperabilidad y evitar la fragmentación del panorama de las criptomonedas.

Proyectos como Polkadot , Cosmos e ICON han ganado prominencia por sus esfuerzos para crear un ecosistema blockchain unificado e interconectado. A través de puentes entre cadenas, los inversores pueden acceder a una gama más amplia de oportunidades de altcoins y capitalizar diversas aplicaciones descentralizadas, independientemente de su infraestructura blockchain subyacente.

La preocupación por cómo la minería de criptomonedas afecta al medio ambiente está aumentando. Los mecanismos de consenso tradicionales de prueba de trabajo (PoW), empleados por criptomonedas como Bitcoin y Ethereum, requieren un consumo de energía significativo, lo que genera debates sobre la huella de carbono de las redes blockchain.

En respuesta a estas preocupaciones, han surgido mecanismos de consenso alternativos, como la prueba de participación (PoS) y la prueba de participación delegada (DPoS), que ofrecen alternativas energéticamente eficientes a PoW . Estos mecanismos utilizan mucha menos energía y tienen el potencial de hacer que el mercado de altcoins sea más sostenible ambientalmente.

Los proyectos de Altcoin exploran cada vez más soluciones de minería ecológica y fuentes de energía renovables para reducir su impacto ecológico. El impulso hacia la eficiencia energética está en línea con esfuerzos más generales que se están realizando en todo el mundo para combatir el cambio climático y fomentar prácticas comerciales respetuosas con el medio ambiente en la industria tecnológica.

El interés institucional en las criptomonedas ha aumentado, y las principales instituciones financieras y corporaciones exploran el potencial de los activos digitales. Los inversores institucionales reconocen las criptomonedas como una clase de activo alternativa que puede diversificarse y protegerse contra la inflación.

La entrada de actores institucionales al mercado de altcoins ha inyectado mayor liquidez y estabilidad, reduciendo la volatilidad de los precios que tradicionalmente ha caracterizado el espacio de las criptomonedas. Además, la claridad regulatoria y el creciente reconocimiento de las autoridades financieras han reforzado la confianza institucional en la industria.

La afluencia de capital institucional ha allanado el camino para el surgimiento de productos de inversión centrados en criptomonedas, incluidos fondos cotizados en bolsa (ETF) de criptomonedas y servicios de custodia de nivel institucional. Estos desarrollos señalan la maduración del mercado de altcoins y su integración en los sistemas financieros tradicionales.

El panorama regulatorio de las criptomonedas ha evolucionado rápidamente, y los gobiernos y reguladores financieros de todo el mundo se enfrentan a los desafíos que plantean los activos digitales. Si bien algunos países han adoptado las criptomonedas y la tecnología blockchain, otros han adoptado un enfoque más cauteloso, lo que ha dado lugar a un mosaico de marcos regulatorios.

Las regulaciones claras y de apoyo pueden proporcionar un entorno estable y predecible para los proyectos e inversores de altcoins. La claridad regulatoria ayuda a prevenir la incertidumbre y posibles desafíos legales, fomentando la participación institucional y fomentando la adopción generalizada.

Los países que ofrecen un marco regulatorio propicio para la innovación blockchain han atraído una inversión considerable y han sido testigos de un crecimiento significativo en sus mercados de criptomonedas. Sin embargo, lograr el equilibrio adecuado entre la supervisión regulatoria y la innovación tecnológica sigue siendo un desafío delicado para los gobiernos de todo el mundo.

Las industrias del juego y el entretenimiento han adoptado rápidamente las altcoins y la tecnología blockchain. Las plataformas de juegos basadas en blockchain permiten a los jugadores poseer activos del juego como NFT, lo que les otorga una propiedad real y la capacidad de intercambiar o vender estos activos fuera del juego.

Los mundos virtuales basados en NFT también han ganado terreno, permitiendo a los jugadores participar en experiencias inmersivas y socializar en un entorno descentralizado. Estos mundos virtuales están dando forma al futuro de las interacciones sociales en línea y las economías virtuales, desdibujando los límites entre los juegos, el entretenimiento y la realidad virtual.

Además, la tecnología blockchain está facilitando nuevas fuentes de ingresos para los creadores de contenido, quienes pueden monetizar su trabajo directamente a través de contenido digital tokenizado y objetos coleccionables. A medida que los sectores del juego y el entretenimiento continúan adoptando soluciones basadas en blockchain, los proyectos de altcoins que atienden a estas industrias están preparados para experimentar un crecimiento exponencial.

Las altcoins se utilizan cada vez más para pagos transfronterizos, revolucionando la industria tradicional de las remesas. La velocidad y rentabilidad de las transacciones con criptomonedas las han convertido en una alternativa convincente a los métodos de pago transfronterizos tradicionales.

Las criptomonedas eliminan la necesidad de intermediarios en las transacciones transfronterizas, lo que reduce las tarifas y los tiempos de procesamiento y, al mismo tiempo, mejora la inclusión financiera de personas y empresas en regiones con acceso limitado a los servicios bancarios tradicionales.

Además, las altcoins son particularmente valiosas en países que experimentan hiperinflación o inestabilidad económica, donde las criptomonedas pueden proporcionar una reserva segura de valor y un medio para preservar la riqueza.

La creciente popularidad de las monedas estables, que están vinculadas a activos estables como las monedas fiduciarias, ha facilitado aún más los pagos transfronterizos, ofreciendo los beneficios de las criptomonedas sin la volatilidad de los precios.

Las Organizaciones Autónomas Descentralizadas (DAO) representan una tendencia revolucionaria en el mercado de altcoins. Las DAO son organizaciones regidas por contratos inteligentes y votación comunitaria, sin autoridad central ni estructura jerárquica.

Las DAO permiten a las partes interesadas tener voz directa en los procesos de toma de decisiones, fomentando un sentido de propiedad y empoderamiento dentro de la comunidad. Los poseedores de tokens pueden votar propuestas, asignar fondos y participar en la gobernanza del proyecto.

El concepto de DAO tiene implicaciones importantes para el futuro de la gobernanza descentralizada, transformando potencialmente la forma en que operan las organizaciones y haciendo obsoletas las estructuras corporativas tradicionales.

Sin embargo, las DAO enfrentan desafíos, como la posible apatía de los votantes, la concentración del poder de voto entre los grandes poseedores de tokens y la dificultad para lograr un consenso sobre cuestiones polémicas.

La aplicación de altcoins en la gestión de la cadena de suministro está ganando terreno debido a la transparencia e inmutabilidad inherentes a la tecnología blockchain.

Las altcoins facilitan la creación de registros digitales en cada etapa de la cadena de suministro, lo que permite a los participantes rastrear el origen, la autenticidad y el movimiento de los bienes. Este nivel de transparencia minimiza el fraude, la falsificación y otras actividades ilícitas, aumentando así la confianza de los consumidores.

En industrias como la agricultura, la farmacéutica y los artículos de lujo, las soluciones de cadena de suministro impulsadas por altcoins tienen el potencial de revolucionar el seguimiento de productos, mejorar el control de calidad y garantizar el abastecimiento ético.

Además, la trazabilidad de la cadena de suministro se está convirtiendo en una consideración crítica para los consumidores, quienes son cada vez más conscientes del impacto ambiental y ético de los productos que compran.

Las altcoins centradas en la privacidad, como Monero y Zcash , han ganado prominencia por su capacidad para abordar las preocupaciones sobre la privacidad y la confidencialidad del usuario en las transacciones de criptomonedas.

Estas criptomonedas utilizan técnicas criptográficas avanzadas para ofuscar los detalles de las transacciones, garantizando que los montos de las transacciones y las direcciones de los participantes permanezcan confidenciales.

Si bien las monedas de privacidad brindan a los usuarios una capa esencial de anonimato, también se han enfrentado al escrutinio regulatorio debido a su posible uso en actividades ilícitas. Lograr el equilibrio adecuado entre la privacidad del usuario y el cumplimiento de las regulaciones contra el lavado de dinero y de conocer a su cliente sigue siendo un desafío continuo para las altcoins centradas en la privacidad.

La integración de altcoins con Internet de las cosas (IoT) abre nuevas posibilidades para aplicaciones descentralizadas y transacciones de máquina a máquina.

Los dispositivos de IoT pueden interactuar con redes blockchain y ejecutar contratos inteligentes, lo que permite microtransacciones automatizadas dentro de los ecosistemas de IoT. Por ejemplo, los electrodomésticos inteligentes pueden comprar consumibles o pagar servicios de forma autónoma a través de microtransacciones realizadas en altcoins.

Las soluciones de IoT impulsadas por Altcoins pueden crear procesos más eficientes, seguros y automatizados en diversas industrias, incluidas las ciudades inteligentes, la logística y la atención médica.

Sin embargo, la integración de IoT también genera preocupaciones sobre la privacidad y la seguridad de los datos, lo que requiere medidas sólidas de ciberseguridad para salvaguardar la información confidencial.

La tokenización de activos del mundo real es cada vez más frecuente, lo que permite la propiedad fraccionada y una mayor liquidez de activos tradicionalmente ilíquidos, como obras de arte, bienes raíces y artículos de lujo.

Al representar la propiedad de estos activos como tokens digitales en la cadena de bloques, los inversores pueden obtener exposición a una cartera diversificada de activos de alto valor sin la necesidad de grandes desembolsos de capital.

La tokenización democratiza el acceso a oportunidades de inversión y promueve la inclusión financiera al permitir la propiedad fraccionada, desbloqueando así liquidez en mercados que alguna vez fueron exclusivos de unos pocos elegidos.

La conciencia ambiental está ganando prominencia dentro del espacio de las criptomonedas, con cada vez más proyectos de altcoins centrados en iniciativas ecológicas y compensación de carbono.

Las criptomonedas verdes están surgiendo como respuesta a las preocupaciones sobre los efectos de la minería de criptomonedas en el medio ambiente. Estas criptomonedas utilizan mecanismos de consenso que son sostenibles y energéticamente eficientes.

Los proyectos que priorizan la sostenibilidad ambiental han atraído la atención de inversores y comunidades con conciencia ecológica que buscan alinear sus inversiones con sus valores.

Los modelos de gobernanza descentralizada están permitiendo a las comunidades altcoins tener voz directa en la dirección de los proyectos. Los miembros de la comunidad pueden participar en la toma de decisiones, votar propuestas y asignar recursos.

La gobernanza descentralizada promueve la transparencia, la inclusión y la toma de decisiones colectiva, lo que le da a la comunidad un sentido de propiedad y responsabilidad compartida.

Sin embargo, la gobernanza impulsada por la comunidad no está exenta de desafíos. Lograr un consenso sobre cuestiones polémicas puede llevar mucho tiempo y generar conflictos dentro de la comunidad. Las estructuras de gobernanza efectivas y los mecanismos para la resolución de disputas son esenciales para el éxito de los proyectos descentralizados.

El mercado de altcoins no es inmune a la influencia de eventos globales, como crisis económicas, tensiones geopolíticas, cambios regulatorios y avances tecnológicos.

Por ejemplo, la pandemia de COVID-19 afectó significativamente a los mercados financieros, incluidas las criptomonedas. A medida que los gobiernos y los bancos centrales respondieron a las consecuencias económicas, el mercado de las criptomonedas experimentó una mayor volatilidad.

Los inversores deben considerar factores macroeconómicos y desarrollos geopolíticos al analizar las inversiones en altcoins. Estar en sintonía con los acontecimientos globales puede ayudar a los inversores a tomar decisiones informadas y gestionar el riesgo de forma más eficaz.

El mercado de altcoins continúa evolucionando rápidamente, impulsado por muchas tendencias que dan forma a su trayectoria. DeFi, NFT, mejoras de escalabilidad, adopción institucional y sostenibilidad ambiental se encuentran entre las tendencias clave que influyen en las inversiones en altcoins.

A medida que el ecosistema de altcoins se expande y madura, los inversores deben mantenerse informados sobre estas tendencias y las posibles oportunidades y riesgos que presentan. Navegar por el panorama en constante evolución de las inversiones en altcoins requiere vigilancia, investigación y una comprensión matizada de las fuerzas transformadoras en juego.

Al adoptar la innovación, fomentar prácticas responsables y mantenerse al tanto de la evolución del mercado, los inversores pueden posicionarse para aprovechar todo el potencial de las altcoins en la era digital. El camino que tenemos por delante promete ser emocionante y desafiante, y quienes lo recorran con cautela y previsión se beneficiarán de este mercado próspero y transformador.

Impacto potencial de las monedas digitales del banco central (CBDC)

Las criptomonedas han experimentado un rápido crecimiento e innovación, y las altcoins y las ofertas iniciales de monedas (ICO) contribuyen significativamente a este panorama en evolución. Sin embargo, el auge de las monedas digitales de los bancos centrales (CBDC) está a punto de introducir un cambio de paradigma en el ecosistema de las finanzas digitales. Las CBDC son representaciones digitales de monedas nacionales emitidas por los bancos centrales y ofrecen el potencial de mejorar la eficiencia, la inclusión financiera y la supervisión regulatoria. Esta sección explora el impacto potencial de las CBDC en las altcoins y las ICO, analizando tanto las oportunidades como los desafíos que estas monedas digitales emergentes presentan para el mercado de criptomonedas en general.

Las monedas digitales del banco central (CBDC) son versiones digitales de la moneda fiduciaria de un país, emitidas y controladas por el banco central. A diferencia de las criptomonedas tradicionales como Ethereum y Bitcoin, que están descentralizadas y operan en cadenas de bloques públicas, las CBDC están centralizadas y dependen de tecnología de contabilidad distribuida autorizada.

Las CBDC tienen como objetivo aprovechar las ventajas de la cadena de bloques y la tecnología de contabilidad distribuida manteniendo al mismo tiempo el control y la supervisión que los bancos centrales requieren para la política monetaria y la estabilidad financiera. Tienen el potencial de racionalizar los sistemas de pago, reducir los costos de transacción y facilitar las transacciones transfronterizas.

Varios países han comenzado a explorar el desarrollo y la implementación de CBDC. El yuan digital de China (o Pago Electrónico en Moneda Digital o DCEP) se encuentra entre los proyectos CBDC más avanzados, con amplios programas piloto y pruebas en las principales ciudades.

Otros países, incluidos Suecia, las Bahamas y Uruguay, también han logrado avances significativos en el desarrollo y prueba de CBDC. Los proyectos piloto en curso indican un interés creciente en las CBDC como una herramienta viable para modernizar los sistemas de pago y promover la inclusión financiera.

La llegada de las CBDC plantea desafíos potenciales para las altcoins y otras criptomonedas descentralizadas. Como las CBDC ofrecen una representación digital de las monedas fiduciarias, pueden competir directamente con las altcoins por la adopción generalizada y los casos de uso.

Dado que las CBDC proporcionan un equivalente digital de las monedas nacionales, las personas pueden preferir usar CBDC para las transacciones diarias, lo que reduce la demanda de ciertas altcoins.

La introducción de CBDC podría conducir a un mayor escrutinio regulatorio de las altcoins y las ICO. Los reguladores pueden ver las CBDC como una alternativa más segura y controlada a las criptomonedas descentralizadas, lo que genera posibles restricciones o requisitos de cumplimiento para proyectos de altcoins.

Las CBDC podrían otorgar a los bancos centrales un mayor control sobre la política monetaria, reduciendo potencialmente la necesidad de criptomonedas descentralizadas como cobertura contra los sistemas financieros tradicionales.

Si bien las CBDC presentan desafíos, también abren nuevas oportunidades para que las altcoins prosperen en el cambiante panorama de las finanzas digitales.

Es probable que las CBDC se utilicen principalmente para transacciones diarias, mientras que las altcoins pueden seguir sirviendo como vehículos de inversión, plataformas de finanzas descentralizadas (DeFi) y otros casos de uso especializados que van más allá de los simples pagos.

Las CBDC tienen el potencial de facilitar los pagos transfronterizos. Sin embargo, las altcoins pueden ofrecer ventajas en términos de rentabilidad, velocidad y transparencia, lo que las convierte en la opción preferida para las transacciones internacionales.

Si bien las CBDC tienen como objetivo mejorar la inclusión financiera, pueden enfrentar desafíos para llegar a poblaciones no bancarizadas o insuficientemente bancarizadas en regiones remotas. Las altcoins y las ICO, con su naturaleza descentralizada, pueden seguir ofreciendo servicios financieros a quienes no tienen acceso a los sistemas bancarios tradicionales.

Las CBDC también podrían afectar el mercado de ICO, particularmente en lo que respecta a la recaudación de fondos y el comportamiento de los inversores .

Las CBDC pueden atraer una atención y un interés significativos por parte de los inversores, lo que podría desviar capital de las ICO.

La introducción de CBDC puede provocar cambios en los marcos regulatorios para las ICO. Los formuladores de políticas pueden estar más inclinados a regular las ICO de manera más estricta para evitar riesgos potenciales o conflictos con las iniciativas de CBDC.

Las CBDC, respaldadas por los bancos centrales, podrían percibirse como alternativas de menor riesgo a las inversiones en ICO, lo que reduciría el apetito de los inversores por proyectos de alto riesgo en sus primeras etapas.

A pesar de los desafíos, las CBDC también podrían crear oportunidades para que el mercado de ICO evolucione y se adapte.

Dado que las CBDC generan una mayor atención regulatoria, los proyectos de ICO pueden verse incentivados a mejorar el cumplimiento y la transparencia para diferenciarse de los riesgos potenciales asociados con las criptomonedas no reguladas.

Las ICO podrían explorar asociaciones con proyectos CBDC, aprovechando su infraestructura digital para ofrecer productos y servicios financieros innovadores.

El potencial de las CBDC para facilitar las transacciones transfronterizas podría beneficiar a los proyectos de ICO que buscan inversiones y asociaciones internacionales.

Las monedas digitales del banco central representan un enfoque centralizado de las monedas digitales, diseñado y controlado por las autoridades centrales. Esta naturaleza centralizada contrasta con los principios básicos de descentralización y resistencia a la censura que sustentan muchas altcoins y ICO.

A medida que las CBDC ganan prominencia, resulta crucial lograr un equilibrio entre las ventajas de la centralización, como la estabilidad y la supervisión regulatoria, y los beneficios de la descentralización, incluida la privacidad financiera y la autonomía individual.

El éxito de las CBDC dependerá en gran medida de su capacidad para coexistir y complementar los proyectos de altcoins existentes. En lugar de ver a las CBDC como competidores directos, la atención debería centrarse en explorar formas en que las CBDC y las criptomonedas descentralizadas puedan fusionarse para crear un ecosistema financiero más inclusivo y versátil.

El impacto de las CBDC en las altcoins y las ICO se extenderá más allá de los sistemas financieros de cada país. La adopción e integración de CBDC por parte de las principales economías podría influir en el panorama regulatorio internacional, las transacciones transfronterizas y los flujos financieros globales.

Para las altcoins, el surgimiento de las CBDC podría presentar tanto desafíos como oportunidades. Los países que adoptan CBDC pueden implementar diferentes enfoques regulatorios para altcoins y ICO, lo que lleva a una posible fragmentación en el mercado global de criptomonedas.

Para las ICO, la naturaleza transfronteriza de las CBDC puede facilitar oportunidades de inversión y recaudación de fondos más accesibles. Sin embargo, también podría resultar en mayores complejidades regulatorias, a medida que las ICO navegan por diversos entornos regulatorios relacionados con las transacciones relacionadas con CBDC.

A medida que las CBDC sigan evolucionando, la colaboración entre los bancos centrales, los gobiernos, las empresas privadas y la criptocomunidad será esencial para dar forma a un panorama financiero cohesivo e inclusivo.

Los proyectos de CBDC deben adoptar el espíritu de la tecnología blockchain y explorar formas de incorporar los beneficios de eficiencia y transparencia de los sistemas descentralizados. La colaboración con proyectos establecidos de altcoins y ICO puede fomentar la innovación y la sinergia en el mercado más amplio de las criptomonedas.

De manera similar, los proyectos de altcoins deberían participar activamente en las iniciativas de CBDC, buscando formas de integrarse con estas monedas digitales emergentes manteniendo al mismo tiempo los principios básicos de descentralización y soberanía financiera.
Las monedas digitales de los bancos centrales representan una fuerza transformadora en el panorama financiero global. A medida que avanzan los proyectos de CBDC, su impacto potencial en las altcoins y las ICO sigue siendo un tema tanto de entusiasmo como de preocupación.

Si bien las CBDC pueden introducir desafíos regulatorios y de competencia, también presentan oportunidades para que las altcoins y las ICO prosperen de manera complementaria. Lograr un equilibrio entre centralización y descentralización será crucial para fomentar un ecosistema financiero digital innovador e inclusivo.

A medida que continúa la revolución de las finanzas digitales, la colaboración, la adaptabilidad y los avances tecnológicos serán impulsores clave para dar forma a un futuro cohesivo y sostenible tanto para las CBDC, como para las altcoins y las ICO. A través de una interacción armoniosa entre las finanzas tradicionales y la innovación descentralizada, el mundo puede ser testigo de una era verdaderamente transformadora en la historia de las finanzas globales.

Evolución de las ICO y las ventas de tokens

El inicio de las Ofertas Iniciales de Monedas (ICO) y las ventas de tokens ha transformado el panorama de la recaudación de fondos y la inversión en el ámbito de las finanzas digitales. Las ICO, que ganaron prominencia a principios de la década de 2010, marcaron un alejamiento significativo de los métodos tradicionales de recaudación de fondos, ofreciendo una forma novedosa para que las nuevas empresas y los proyectos blockchain aseguren capital y hagan crecer sus empresas. Esta sección profundiza en la evolución de las ICO y las ventas de tokens, rastreando sus orígenes, explorando hitos clave y examinando los desafíos y oportunidades que han dado forma a su trayectoria en el dinámico mundo de las criptomonedas y blockchain.

El concepto de crowdfunding a través de la venta de tokens se remonta al lanzamiento de Mastercoin (ahora Omni) en 2013. Mastercoin fue el primer proyecto en realizar una venta de tokens en la cadena de bloques de Bitcoin, sentando las bases para futuras ICO.

Ethereum, una innovadora plataforma blockchain que introdujo contratos inteligentes, revolucionó el panorama de las ICO. Su lanzamiento en 2015 permitió a los desarrolladores crear y emitir sus propios tokens, haciendo que las ICO sean más accesibles para una gama más amplia de proyectos. El enfoque innovador de Ethereum permitió a los empresarios recaudar fondos para sus proyectos directamente del público, evitando a los intermediarios tradicionales como los capitalistas de riesgo y los inversores ángeles.

El año 2017 fue testigo de un aumento explosivo en la actividad de las ICO, a menudo denominado "boom de las ICO". Durante este período, numerosos proyectos recaudaron cantidades sustanciales de capital a través de ventas simbólicas. Proyectos icónicos como el propio Ethereum, Filecoin y Tezos recaudaron con éxito millones de dólares, alimentando el entusiasmo y la inversión en el espacio de las criptomonedas.

El auge de las ICO trajo consigo innovación y frenesí especulativo. Si bien los proyectos legítimos prosperaron, la falta de supervisión regulatoria también dio lugar a numerosas estafas y esquemas fraudulentos, lo que generó preocupación entre los reguladores y los inversores. La euforia en torno a las ICO llevó a algunos a llamarlas el "salvaje oeste" de la recaudación de fondos, destacando la falta de regulaciones estandarizadas y protección de los inversores.

A medida que el mercado de ICO crecía exponencialmente, los reguladores de todo el mundo se dieron cuenta y comenzaron a lidiar con cómo abordar el novedoso mecanismo de recaudación de fondos. La falta de regulaciones estandarizadas y el potencial de fraude y explotación de inversionistas llevaron a los países a implementar diversos enfoques para las ICO.

China, uno de los principales mercados de criptomonedas, adoptó una postura estricta y prohibió completamente las ICO en 2017. La prohibición fue impulsada por preocupaciones sobre esquemas fraudulentos y los riesgos potenciales que representan para los inversores minoristas. Otros países, como Estados Unidos, adoptaron un enfoque más cauteloso, sometiendo las ICO a las leyes y regulaciones de valores existentes.

El panorama regulatorio para las ICO sigue siendo dinámico, con esfuerzos continuos para lograr un equilibrio entre fomentar la innovación y proteger a los inversores. Se busca claridad regulatoria para crear un entorno seguro y transparente tanto para los fundadores de proyectos como para los inversores.

En medio de los desafíos regulatorios que enfrentan las ICO, surgió un nuevo modelo de recaudación de fondos: las ofertas de tokens de seguridad (STO). Las STO se diferencian de las ICO en que están diseñadas para cumplir con las regulaciones de valores, ofreciendo valores tokenizados respaldados por activos del mundo real o participaciones en los ingresos.

Las STO prometieron una mayor protección de los inversores y el cumplimiento de las leyes de valores, proporcionando una forma de financiación colectiva más regulada y transparente. Los tokens de valores suelen estar sujetos al mismo marco legal que los valores tradicionales, lo que significa que los emisores deben registrarse ante los reguladores de valores o buscar exenciones de los requisitos de registro.

Si bien las STO abordaron algunas de las preocupaciones regulatorias asociadas con las ICO, también trajeron complejidades y requisitos de cumplimiento adicionales. El proceso de realizar una STO puede llevar más tiempo y ser más costoso en comparación con una ICO tradicional.

La rápida proliferación de las ICO también dio lugar a una serie de desafíos y controversias. Algunos de los problemas notables incluyen:

La falta de supervisión regulatoria en los primeros días de las ICO dio lugar a numerosas estafas y proyectos fraudulentos, defraudando a inversores por millones de dólares. Entre las estafas más comunes se encontraban proyectos falsos con documentos técnicos plagiados y promesas engañosas de altos rendimientos.

Muchos inversores participaron en ICO sin realizar la debida diligencia exhaustiva, lo que resultó en pérdidas por invertir en proyectos dudosos o fallidos. La falta de asimetría de información y la abundancia de proyectos publicitados contribuyeron a este problema.

La manipulación del mercado y los esquemas de bombeo y descarga prevalecieron en el mercado no regulado de ICO, lo que afectó negativamente a la confianza de los inversores. Entre las prácticas poco éticas observadas se encontraban esquemas de uso de información privilegiada y manipulación de precios.

Varias plataformas y proyectos de ICO sufrieron violaciones de seguridad, lo que provocó el robo de fondos e información confidencial. La vulnerabilidad de algunas plataformas y proyectos expuso a los inversores a riesgos sustanciales.

La llegada de las finanzas descentralizadas (DeFi) trajo una nueva ola de innovación al espacio de las criptomonedas. Las plataformas DeFi brindan una variedad de servicios financieros, incluidos préstamos, empréstitos y agricultura de rendimiento, realizados a través de contratos inteligentes en redes blockchain.

Las ICO han encontrado una relevancia renovada en la era DeFi, con proyectos que exploran formas de tokenizar activos y crear instrumentos financieros descentralizados. Las plataformas DeFi también han dado lugar a nuevos modelos de recaudación de fondos, como las Ofertas Iniciales DEX (IDO), realizadas en intercambios descentralizados.

A medida que el espacio de las criptomonedas y blockchain continúa evolucionando, el futuro de las ICO y las ventas de tokens sigue siendo intrigante. Varios factores darán forma a su trayectoria:

Las regulaciones claras y coherentes serán cruciales para proporcionar un entorno estable y seguro para que florezcan las ICO y las ventas de tokens. Un factor crucial será encontrar el equilibrio adecuado entre proteger a los inversores y fomentar la innovación.

La integración de las ICO con las plataformas DeFi probablemente ampliará las opciones de recaudación de fondos e introducirá instrumentos financieros innovadores. Las plataformas descentralizadas de crowdfunding podrían ofrecer mayor transparencia y eficiencia en las ventas de tokens.

Mejorar la educación y la concientización de los inversionistas permitirá a las personas tomar decisiones informadas y evitar posibles estafas. Comprender los riesgos y realizar la debida diligencia será esencial para un ecosistema ICO saludable.

Los avances en la interoperabilidad entre las redes blockchain facilitarán las ventas de tokens entre cadenas y fomentarán una mayor conectividad en el ecosistema. Las cadenas de bloques interconectadas podrían permitir ventas de tokens más inclusivas y accesibles.

La evolución de las ICO y las ventas de tokens ha sido un viaje transformador, que ha revolucionado la recaudación de fondos y la inversión en el espacio de las finanzas digitales. Desde sus humildes comienzos en las cadenas de bloques de Bitcoin y Ethereum hasta el auge de las ICO y el surgimiento de las STO, estos mecanismos de financiación colectiva han dejado un impacto duradero en el mercado de las criptomonedas.

Si bien han surgido desafíos y controversias, el potencial para la innovación, la inclusión financiera y la recaudación de fondos descentralizada sigue siendo prometedor. A medida que la industria continúa madurando, la interacción entre los marcos regulatorios, los avances tecnológicos y la educación de los inversores es fundamental para dar forma al futuro de las ICO y las ventas de tokens, allanando el camino para un ecosistema financiero digital más inclusivo y equitativo.

A medida que avanza la revolución de las finanzas digitales, será crucial lograr el equilibrio adecuado entre la supervisión regulatoria y el fomento de la innovación. Al aprender de los éxitos y desafíos de las ICO y las STO, la comunidad de criptomonedas puede avanzar hacia la creación de un entorno de recaudación de fondos sostenible e inclusivo que se alinee con los principios de descentralización y soberanía financiera. Con esfuerzos continuos hacia la transparencia, la rendición de cuentas y la protección de los inversores, el potencial de las ICO y las ventas de tokens para revolucionar el panorama financiero sigue siendo tan emocionante y prometedor como siempre.

CONCLUSIÓN

Resumen de puntos clave

A lo largo de este libro electrónico, hemos explorado exhaustivamente las Altcoins y las Ofertas Iniciales de Monedas (ICO). Hemos cubierto diversos aspectos, desde la definición y

características de las altcoins al entorno regulatorio que rodea a las ICO. Esta sección sirve como un resumen, resume los puntos clave discutidos en cada sección y destaca las conclusiones cruciales de este viaje al mundo de las criptomonedas alternativas y el crowdfunding basado en blockchain.

Definición y características de Altcoins

Profundizamos en el concepto de altcoins, que se refiere a todas las criptomonedas distintas de Bitcoin. Las altcoins heredan las características fundamentales de la tecnología blockchain, como la descentralización, la inmutabilidad y la transparencia. Algunas de las características clave de las altcoins incluyen características innovadoras, casos de uso únicos y mecanismos de consenso alternativos. Si bien las altcoins ofrecen oportunidades de diversificación, también conllevan mayores riesgos debido a su capitalización de mercado y liquidez relativamente menores en comparación con Bitcoin.

Diferentes tipos de Altcoins (bifurcaciones de Bitcoin, monedas de privacidad, plataformas de contratos inteligentes, etc.)

Exploramos las diferentes categorías de altcoins, cada una de las cuales tiene distintos propósitos en el ecosistema de las criptomonedas. Las bifurcaciones de Bitcoin, como Bitcoin SV y Bitcoin Cash, surgieron como redes blockchain separadas con modificaciones al protocolo original de Bitcoin. Las monedas de privacidad, como Monero y Zcash , se centran en mejorar la privacidad y el anonimato del usuario. Las plataformas de contratos inteligentes, lideradas por Ethereum, permiten a los desarrolladores crear aplicaciones descentralizadas y ejecutar código autoejecutable en blockchain. Para mantener un valor constante, las monedas estables como Tether y USD Coin suelen estar vinculadas a monedas fiduciarias. Comprender estas categorías de altcoins ayuda a los inversores y entusiastas a identificar proyectos que se alineen con sus objetivos y valores de inversión.

Descripción histórica de las altcoins destacadas

Hicimos un recorrido por el desarrollo histórico de algunas altcoins destacadas. Litecoin, también conocida como "la plata del oro de Bitcoin", fue una de las primeras altcoins e introdujo tiempos de transacción más rápidos y tarifas más bajas. Ripple, ahora conocido como XRP, tenía como objetivo facilitar los pagos transfronterizos y mejorar la eficiencia de las transacciones financieras. Dash implementó funciones como transacciones instantáneas y un sistema de tesorería para financiar iniciativas de desarrollo y marketing. Con su enfoque científico y su rigurosa investigación revisada por pares, Cardano busca abordar los problemas de escalabilidad y sostenibilidad en la tecnología blockchain. La descripción histórica de estas altcoins arroja luz sobre sus contribuciones únicas al panorama criptográfico en evolución.

Pros y contras de invertir en Altcoins

Exploramos las posibles ventajas y desventajas de invertir en altcoins. Las ventajas incluían el potencial de obtener rendimientos significativos, la diversificación de las carteras de inversión y la participación en proyectos innovadores que podrían alterar las industrias tradicionales. Sin embargo, la inversión en altcoins conlleva riesgos inherentes, como una mayor volatilidad, un menor nivel de adopción y la posibilidad de encontrar estafas y proyectos fraudulentos. Emplear estrategias prudentes de gestión de riesgos, realizar investigaciones exhaustivas y comprender la tolerancia al riesgo son esenciales para tomar decisiones informadas de inversión en altcoins.

Introducción a las ICO

Esta sección nos presentó las Ofertas Iniciales de Monedas (ICO), que proporcionaron un modelo innovador de recaudación de fondos para proyectos blockchain. Las ICO permitieron a las nuevas empresas recaudar capital emitiendo sus propios tokens y vendiéndolos al público. Los inversores, a su vez, participaron en las ICO esperando una futura apreciación del valor y acceso a la plataforma o los servicios del proyecto. Las ICO democratizaron la recaudación de fondos, permitiendo a los inversores minoristas participar en la financiación en las primeras etapas, que históricamente estaba limitada a inversores acreditados.

Cómo funcionan las ICO (ventas de tokens, recaudación de fondos, documentos técnicos)

Exploramos la mecánica de las ICO, incluido el proceso de venta de tokens, los modelos de recaudación de fondos y el papel de los documentos técnicos. Las ICO suelen consistir en una fase de preventa o venta privada, seguida de una venta pública en la que el público en general puede participar. El proceso de recaudación de fondos implica la emisión de tokens de utilidad o tokens de seguridad, cada uno de los cuales tiene diferentes propósitos y cumple con las regulaciones aplicables. Los documentos técnicos desempeñan un papel fundamental a la hora de transmitir la visión, la tecnología y la tokenómica del proyecto a los inversores potenciales. Sin embargo, la calidad y precisión de los documentos técnicos varían significativamente, lo que requiere la debida diligencia por parte de los inversores.

Entorno regulatorio para las ICO

Profundizamos en el panorama regulatorio en evolución que rodea a las ICO. Los gobiernos y los organismos reguladores de todo el mundo lucharon por abordar los desafíos únicos que plantean las ICO, incluida la protección de los inversores, la prevención del fraude y el cumplimiento de las leyes de valores existentes. Algunos países optaron por prohibiciones absolutas de las ICO, mientras que otros introdujeron regulaciones que exigían que los emisores de ICO se registraran ante las autoridades reguladoras. El entorno regulatorio sigue siendo dinámico, con esfuerzos continuos para equilibrar la innovación y la protección de los inversores.

Historias de éxito y fracasos notables de ICO

Examinamos historias de éxito y fracasos notables de ICO. Los proyectos ICO exitosos como Ethereum y EOS recaudaron cantidades significativas de capital y desarrollaron plataformas blockchain sólidas con casos de uso del mundo real. Sin embargo, el mercado de las ICO también experimentó un número considerable de fracasos y estafas. Los proyectos con ideas y documentos técnicos prometedores no lograron ofrecer productos viables, lo que provocó importantes pérdidas para los inversores. Comprender los éxitos y los fracasos ayuda a los inversores a navegar por el panorama de las ICO con ojo crítico y discernimiento.

Realización de investigaciones y diligencia debida para invertir en Altcoins y ICO

Discutimos la importancia de realizar una investigación exhaustiva y la debida diligencia antes de invertir en altcoins y ICO. La investigación implica examinar las credenciales del equipo del proyecto, la tecnología del proyecto, el caso de uso, el análisis de la competencia, la tokenómica y la participación de la comunidad. La debida diligencia incluye verificar la autenticidad de la información del proyecto, examinar el código base del proyecto y evaluar los posibles riesgos legales y regulatorios. La investigación y la debida diligencia sirven como herramientas indispensables para que los inversores tomen decisiones de inversión prudentes y bien informadas.

Evaluación del potencial de Altcoins y ICO

Esta sección nos guió a través del proceso de evaluación del potencial de altcoins y ICO. Varios factores, como la necesidad del mercado, la tecnología, la experiencia del equipo, el apoyo de la comunidad y las asociaciones, contribuyen al potencial de éxito de un proyecto. Realizar un análisis FODA (Fortalezas, Oportunidades, Debilidades, Amenazas) y evaluar la hoja de ruta y el cronograma del proyecto son componentes esenciales de esta evaluación. Comprender el potencial de un proyecto ayuda a los inversores a identificar proyectos de alta calidad y alinear sus inversiones con sus objetivos a largo plazo.

Análisis de documentos técnicos y hojas de ruta de Altcoins y ICO

Exploramos la importancia de analizar los documentos técnicos y las hojas de ruta de altcoins y ICO. Los documentos técnicos describen de forma exhaustiva los objetivos, la tecnología, los casos de uso y la tokenómica del proyecto . El análisis del documento técnico permite a los inversores evaluar la viabilidad y singularidad del proyecto. Las hojas de ruta, por otro lado, describen el cronograma y los hitos de desarrollo del proyecto. Una hoja de ruta clara y realista demuestra el compromiso del proyecto de cumplir sus promesas. Examinar tanto los documentos técnicos como las hojas de ruta permite a los inversores tomar decisiones bien informadas.

Evaluación de equipos de desarrollo y apoyo comunitario de Altcoins y ICO

Esta sección enfatizó la importancia de evaluar los equipos de desarrollo y el apoyo de la comunidad de altcoins y ICO. El historial y la experiencia del equipo del proyecto son indicadores críticos del potencial de éxito de un proyecto. La interacción con la comunidad del proyecto a través de las redes sociales, foros o canales de desarrolladores proporciona información sobre la adopción del proyecto y el desarrollo impulsado por la comunidad. La combinación de un equipo de desarrollo competente y el apoyo activo de la comunidad refuerza la credibilidad del proyecto y aumenta la probabilidad de lograr sus objetivos.

Mejores prácticas para asegurar inversiones en Altcoin

Exploramos las mejores prácticas para asegurar inversiones en altcoins. Implementar medidas de seguridad sólidas, como el uso de billeteras de hardware, habilitar la autenticación de dos factores y emplear contraseñas seguras, es crucial para salvaguardar los activos digitales. La diversificación de las inversiones en múltiples altcoins reduce la exposición al riesgo y protege contra las fluctuaciones del mercado. Actualizar el software periódicamente y mantenerse informado sobre posibles amenazas a la seguridad son componentes esenciales de una estrategia de seguridad integral.

Protección contra estafas e intentos de phishing de sus inversiones en Altcoin

Discutimos métodos para protegerse contra estafas e intentos de phishing en inversiones en altcoins. Reconocer tácticas de estafa comunes, como cuentas falsas de redes sociales, correos electrónicos de phishing y sitios web fraudulentos, ayuda a los inversores a evitar ser víctimas de estafas. Verificar la autenticidad de las comunicaciones oficiales y las URL y abstenerse de compartir información confidencial con fuentes desconocidas son precauciones vitales. Emplear precaución y vigilancia sirve como escudo eficaz contra actores maliciosos que buscan explotar a inversores desprevenidos.

Comprender las tendencias del mercado de altcoins Esta

sección se centró en comprender las tendencias del mercado de altcoins. Los mercados de criptomonedas son conocidos por su alta volatilidad, impulsada por diversos factores como el sentimiento del mercado, la evolución regulatoria, los avances tecnológicos y las tendencias macroeconómicas. Comprender los ciclos del mercado y adoptar una perspectiva de inversión a largo plazo puede ayudar a los inversores a afrontar las fluctuaciones del mercado con mayor resiliencia. Monitorear las tendencias del mercado y mantenerse informado sobre los desarrollos de la industria es fundamental para tomar decisiones de inversión oportunas.

Análisis técnico para el comercio de Altcoins

Profundizamos en el análisis técnico como herramienta para el comercio de altcoins. El análisis técnico implica estudiar datos históricos de precios y volumen de operaciones para identificar patrones, tendencias y posibles puntos de entrada y salida. Los patrones gráficos, los indicadores técnicos y los niveles de soporte y resistencia son elementos clave en el análisis técnico. Combinar el análisis técnico con otras formas de análisis puede mejorar las estrategias comerciales y permitir a los inversores tomar decisiones basadas en datos.

Análisis fundamental para el comercio de altcoins

Introdujimos el análisis fundamental como una herramienta poderosa para el comercio de altcoins. El análisis fundamental implica evaluar el valor intrínseco de una criptomoneda examinando factores como la tecnología del proyecto, el caso de uso, la tasa de adopción, la demanda del mercado y la competencia. El análisis fundamental proporciona información sobre el potencial a largo plazo y el valor subyacente de un proyecto. La combinación de análisis técnicos y fundamentales permite a los operadores comprender el mercado de altcoins de manera integral.

Desarrollo de una estrategia comercial personalizada de Altcoins

Destacamos la importancia de desarrollar una estrategia comercial personalizada de altcoins. Una estrategia bien definida abarca la gestión de riesgos, el establecimiento de objetivos, los criterios de entrada y salida y la asignación de capital. La diversificación entre diferentes altcoins, plazos y estilos comerciales puede ayudar a gestionar el riesgo y optimizar la rentabilidad. Adaptar la estrategia comercial para alinearla con la tolerancia al riesgo individual y los objetivos de inversión permite a los operadores crear un plan que complemente sus circunstancias únicas.

Altcoins en comercio electrónico y venta minorista

Exploramos las aplicaciones de altcoins en el comercio electrónico y el comercio minorista. Las criptomonedas ofrecen beneficios como transacciones transfronterizas más rápidas, tarifas de transacción reducidas y mayor seguridad en los pagos en línea. Los minoristas que aceptan pagos con altcoins pueden acceder a una base de clientes global y ofrecer opciones de pago más convenientes a los consumidores. Si bien la adopción en el comercio electrónico convencional está creciendo, aún quedan por abordar los desafíos regulatorios y de escalabilidad para una adopción generalizada.

Integración de Altcoin en juegos y entretenimiento

Examinamos la integración de altcoins en las industrias del juego y el entretenimiento. Las criptomonedas están revolucionando el panorama de los juegos al introducir juegos demostrablemente justos, tokens no fungibles (NFT) para activos digitales y ecosistemas de juegos descentralizados. El arte digital y los objetos de colección en las plataformas blockchain han ganado una inmensa popularidad, aprovechando la singularidad y escasez que ofrecen las NFT. La integración de altcoins en los juegos y el entretenimiento abre nuevas posibilidades tanto para creadores, jugadores y entusiastas.

Altcoins para remesas y pagos transfronterizos

Esta sección destacó el potencial de las altcoins para facilitar las remesas y los pagos transfronterizos. Los sistemas tradicionales de remesas a menudo implican tarifas elevadas y tiempos de procesamiento prolongados. Las altcoins ofrecen una alternativa al permitir transferencias internacionales rápidas y de bajo costo. Aprovechando la tecnología blockchain, las altcoins pueden agilizar las transacciones transfronterizas y brindar inclusión financiera a personas con acceso limitado a los servicios bancarios tradicionales.

Aplicaciones de Altcoin en finanzas descentralizadas (DeFi)

Exploramos el impacto revolucionario de las altcoins en las finanzas descentralizadas (DeFi). Las plataformas DeFi permiten préstamos, endeudamiento, comercio y cultivo de rendimiento descentralizados, todo ello gobernado por contratos inteligentes en redes blockchain. Las altcoins son fundamentales en DeFi, ya que sirven como garantía, proporcionan liquidez y facilitan las transacciones. DeFi puede potencialmente perturbar a los intermediarios financieros tradicionales y democratizar el acceso a los servicios financieros a nivel mundial.

Panorama regulatorio global para Altcoins y ICO

Profundizamos en el panorama regulatorio global que rodea a las altcoins y las ICO. Los gobiernos y los organismos reguladores de todo el mundo han respondido con diversos enfoques, que van desde prohibiciones estrictas hasta la adopción de la innovación con marcos regulatorios. La falta de regulaciones estandarizadas y la clasificación de las criptomonedas como materias primas, valores o activos digitales crean desafíos para la armonización global. Un entorno regulatorio coherente y transparente es esencial para fomentar la innovación responsable y la protección de los inversores.

Obligaciones de cumplimiento y presentación de informes para inversores de Altcoin

Discutimos las obligaciones de cumplimiento y presentación de informes para los inversores de altcoins. Los impuestos sobre las ganancias de altcoins, los requisitos AML/KYC y las obligaciones de presentación de informes pueden variar según la jurisdicción del inversor. Comprender y cumplir estas medidas de cumplimiento garantiza el cumplimiento legal y minimiza los posibles riesgos legales y financieros.

Implicaciones fiscales de las inversiones en Altcoin Esta

sección exploró las implicaciones fiscales de las inversiones en altcoins. Se pueden aplicar impuestos sobre las ganancias de capital a las ganancias de altcoins según la jurisdicción del inversor. Además, el tratamiento de las ganancias de altcoins como activos de capital o ingresos imponibles puede diferir. El conocimiento de las obligaciones fiscales y la búsqueda de asesoramiento profesional pueden optimizar la planificación y la presentación de informes fiscales para las inversiones en altcoins.

Volatilidad y fluctuaciones del mercado de las inversiones en Altcoin

Examinamos la volatilidad inherente y las fluctuaciones del mercado de las inversiones en altcoins. Las altcoins son conocidas por la volatilidad de sus precios, influenciada por el sentimiento del mercado, los desarrollos tecnológicos, las noticias regulatorias y los factores macroeconómicos. Comprender los ciclos del mercado, emplear estrategias de gestión de riesgos y mantener una perspectiva de inversión a largo plazo puede ayudar a los inversores a navegar por el dinámico mercado de altcoins con más confianza.

Preocupaciones de seguridad e incidentes de piratería de inversiones en Altcoin

Esta sección se centró en preocupaciones de seguridad e incidentes de piratería relacionados con inversiones en altcoins. Las amenazas a la ciberseguridad plantean riesgos para los intercambios, billeteras y plataformas de inversión de altcoins. La implementación de medidas de seguridad sólidas, como almacenamiento en frío, autenticación de dos factores y actualizaciones periódicas de software, es crucial para salvaguardar las inversiones en altcoins.

Falta de regulación y protección de los inversores de las inversiones en Altcoin

Exploramos la falta de regulación y protección de los inversores en el mercado de altcoins. La ausencia de regulaciones estandarizadas y salvaguardias para los inversores expone a los inversores minoristas a riesgos potenciales, como estafas, manipulación del mercado y proyectos fraudulentos. Abogar por regulaciones claras y promover la educación de los inversores puede mejorar la confianza de los inversores y contribuir a un mercado de altcoins más seguro.

Tendencias que dan forma al mercado de altcoins

Discutimos las tendencias que dan forma al mercado de altcoins. La descentralización, la interoperabilidad, la integración de DeFi y la adopción institucional se encuentran entre las tendencias clave que influyen en el futuro de las altcoins. La convergencia de estas tendencias impulsa la innovación, amplía los casos de uso y amplía el alcance de las altcoins en el panorama financiero global.

Las monedas digitales del banco central (CBDC) tienen un potente impacto en las altcoins y las ICO

Exploramos el impacto potencial de las monedas digitales del banco central (CBDC) en los mercados de altcoins y ICO. Las CBDC, emitidas y reguladas por los bancos centrales, plantean desafíos y oportunidades para el ecosistema de las criptomonedas. Si bien las CBDC podrían aumentar la competencia y la adopción de activos digitales, también pueden dar lugar a un mayor escrutinio regulatorio y posibles perturbaciones del mercado.

Evolución de las ICO y las ventas de tokens

Seguimos la evolución de las ICO y las ventas de tokens, desde sus etapas iniciales hasta su estado actual. Si bien las ICO inicialmente democratizaron la recaudación de fondos y potenciaron los proyectos en etapa inicial, los desafíos regulatorios y el aumento de las ofertas de tokens de seguridad (STO) llevaron a un cambio en el panorama del crowdfunding. La convergencia de los modelos de crowdfunding y el cumplimiento de los marcos regulatorios pueden definir la evolución futura de las ventas de tokens.

A lo largo de este completo libro electrónico, nos embarcamos en un extenso viaje por el mundo de las altcoins y las ICO. Desde comprender las características de las altcoins hasta analizar documentos técnicos y evaluar los equipos de desarrollo, exploramos aspectos esenciales de la inversión en altcoins. Profundizamos en el impacto potencial de las CBDC y examinamos las tendencias que dan forma al mercado de altcoins. Además, exploramos las preocupaciones de seguridad, las medidas de cumplimiento y el panorama regulatorio que rodea a las altcoins y las ICO.

En la sección final, reflexionamos sobre las conclusiones clave de este libro electrónico. Invertir en altcoins y participar en ICO ofrece oportunidades de diversificación y exposición a proyectos innovadores. Sin embargo, estas inversiones conllevan riesgos inherentes, que incluyen volatilidad, estafas e incertidumbres regulatorias.

Realizar una investigación exhaustiva, emplear medidas de seguridad y cumplir con las obligaciones de cumplimiento son cruciales para una inversión responsable e informada en altcoins. A medida que evoluciona el ecosistema de las criptomonedas, mantenerse informado y adaptarse al panorama dinámico permitirá a los inversores navegar por el mercado de altcoins con confianza y previsión.

En conclusión, las altcoins y las ICO han revolucionado el panorama financiero, ofreciendo oportunidades y desafíos sin precedentes. Este libro electrónico ha proporcionado una guía completa para comprender las altcoins, evaluar las ICO y navegar por el complejo mundo de las inversiones digitales. Al combinar análisis técnico, análisis fundamental, medidas de seguridad y conciencia regulatoria, los inversores pueden optimizar sus estrategias de altcoins y tomar decisiones bien informadas en esta frontera financiera digital en constante evolución. A medida que el mercado de las criptomonedas madure e innove, mantenerse informado, alerta y adaptable será esencial para prosperar en el dinámico ecosistema de las altcoins.

Reflexiones finales sobre las inversiones en Altcoin y ICO

A lo largo de esta extensa exploración de las inversiones en altcoins y en la Oferta Inicial de Monedas (ICO), hemos navegado por el panorama dinámico del mercado de las criptomonedas. Desde comprender las características y tipos de altcoins hasta analizar los documentos técnicos de ICO y evaluar los equipos de desarrollo, hemos adquirido conocimientos sobre el mundo multifacético de las inversiones digitales. Esta sección sirve como reflexión y resume los aprendizajes clave y las reflexiones finales sobre las inversiones en altcoins y ICO y las perspectivas futuras de esta industria en rápida evolución.

Aceptando la promesa y los peligros de las inversiones en Altcoin

Las altcoins, como componente esencial del ecosistema de las criptomonedas, ofrecen una gran cantidad de oportunidades de inversión. Presentan diversos casos de uso e innovaciones tecnológicas que tienen la capacidad de alterar las industrias tradicionales y remodelar el panorama financiero global. Al diversificar las carteras de inversión con altcoins cuidadosamente seleccionadas, los inversores pueden mitigar los riesgos y aprovechar un espectro más amplio de rendimientos potenciales.

Sin embargo, es esencial reconocer los riesgos inherentes y la volatilidad asociados con las inversiones en altcoins. El mercado de las criptomonedas está sujeto a fluctuaciones repentinas de precios, impulsadas por diversos factores, como el sentimiento del mercado, la evolución regulatoria, los avances tecnológicos y las tendencias macroeconómicas. La ausencia de supervisión regulatoria y protección a los inversionistas puede exponerlos a estafas, proyectos fraudulentos y manipulación del mercado.

Para aceptar la promesa de las inversiones en altcoins mientras se enfrentan los peligros, es imperativo realizar una investigación exhaustiva, implementar medidas de seguridad sólidas y practicar estrategias de gestión de riesgos. Una debida diligencia diligente, un análisis crítico y una perspectiva de inversión a largo plazo pueden mejorar la probabilidad de tomar decisiones de inversión informadas y prudentes en el espacio de las altcoins.

La evolución de las ICO: lecciones aprendidas

Los mecanismos de financiación colectiva de las ICO han alterado para siempre el panorama de la recaudación de fondos y la inversión. El auge de las ICO fue testigo de una afluencia de capital hacia proyectos blockchain, proporcionando un medio para que las nuevas empresas accedan a financiación sin intermediarios tradicionales. El auge de las ICO democratizó la inversión en etapas iniciales, permitiendo a los inversores minoristas participar en proyectos innovadores que históricamente estaban limitados a inversores acreditados.

Sin embargo, el crecimiento meteórico de las ICO también generó numerosos desafíos. Las estafas, los proyectos fraudulentos y las incertidumbres regulatorias contaminaron el panorama de las ICO. La falta de transparencia y los modelos de negocio mal ejecutados provocaron pérdidas importantes para los inversores. Como resultado, los organismos reguladores de todo el mundo respondieron con diversos enfoques, desde imponer prohibiciones hasta introducir marcos regulatorios.

De esta evolución se han aprendido valiosas lecciones. La regulación desempeña un papel fundamental en la protección de los inversores y el fomento de un entorno de recaudación de fondos sostenible. Los equipos de proyecto deben priorizar la transparencia, la credibilidad y la rendición de cuentas en sus ofertas. Para los inversores, llevar a cabo una debida diligencia exhaustiva y cumplir con las normas son cruciales para navegar de manera responsable el panorama de las ICO.

El futuro de las inversiones en Altcoin y ICO

El futuro de las inversiones en altcoins y ICO sigue siendo prometedor y lleno de posibilidades. A medida que el mercado de las criptomonedas siga madurando, varios factores clave darán forma a la trayectoria de esta industria:

Regulación y adopción institucional: la claridad regulatoria desempeñará un papel vital a la hora de proporcionar un entorno estable y seguro para las inversiones en altcoins y las ICO. La adopción institucional, impulsada por un mayor reconocimiento de las criptomonedas como activos invertibles, podría aportar más liquidez y estabilidad al mercado.

Avances tecnológicos: Las continuas innovaciones en la tecnología blockchain impulsarán el desarrollo de altcoins y proyectos ICO más eficientes y escalables. La interoperabilidad entre las redes blockchain y los avances en las capacidades de los contratos inteligentes abrirán nuevas vías para las aplicaciones descentralizadas y la integración de DeFi.

Integración DeFi: La integración de altcoins y ICO con plataformas de finanzas descentralizadas (DeFi) revolucionará el panorama financiero, proporcionando productos y servicios financieros innovadores que trascienden las finanzas tradicionales.

Educación y concienciación de los inversores: aumentar la educación y la concienciación de los inversores permitirá a las personas tomar decisiones informadas y evitar ser víctimas de estafas y proyectos fraudulentos.

Sostenibilidad ambiental: las preocupaciones ambientales que rodean los procesos mineros de ciertas altcoins que consumen mucha energía probablemente conducirán a la adopción de mecanismos de consenso más sostenibles.

Colaboración global: la colaboración global entre gobiernos, organismos reguladores y la comunidad criptográfica fomentará un entorno regulatorio más coherente y transparente, lo que permitirá la innovación responsable y al mismo tiempo protegerá a los inversores.

Estrategias de inversión responsable para el futuro

Las estrategias de inversión responsable son cruciales para navegar en este mercado dinámico frente a un panorama de altcoins y ICO en rápida evolución. Aquí hay algunos principios clave a considerar:

Diversificación: diversificar las carteras de inversión en varias clases de activos, incluidas las altcoins, puede ayudar a mitigar los riesgos y optimizar los rendimientos.

Gestión de riesgos: la práctica de estrategias de gestión de riesgos, como establecer órdenes de limitación de pérdidas y gestionar el tamaño de las posiciones, puede proteger las inversiones de pérdidas significativas durante las caídas del mercado.

Debida diligencia: realizar una investigación exhaustiva y una debida diligencia antes de invertir en altcoins y participar en ICO es esencial para identificar proyectos de alta calidad y evitar posibles estafas.

Perspectiva a largo plazo: adoptar una perspectiva de inversión a largo plazo puede reducir el efecto de las fluctuaciones del mercado a corto plazo y capitalizar el potencial de proyectos prometedores.

Medidas de seguridad: implementar medidas de seguridad sólidas, como el uso de billeteras de hardware, habilitar la autenticación de dos factores y proteger las claves privadas, es crucial para salvaguardar los activos digitales.

Cumplimiento de las regulaciones: Adherirse a las medidas de cumplimiento regulatorio y las obligaciones de presentación de informes en la propia jurisdicción es esencial para evitar repercusiones legales y financieras.

Aprendizaje continuo: mantenerse informado sobre las tendencias del mercado, los avances tecnológicos y los desarrollos regulatorios a través del aprendizaje y la investigación continuos permitirá a los inversores adaptarse eficazmente al panorama en constante cambio.

En conclusión, las inversiones en altcoins y ICO ofrecen oportunidades interesantes y desafíos importantes. El potencial para avances tecnológicos disruptivos e innovaciones financieras transformadoras es inmenso. Sin embargo, es esencial abordar el mercado de altcoins y ICO con precaución, diligencia y una comprensión integral de los riesgos involucrados.

A medida que evoluciona el ecosistema de las criptomonedas, los inversores deben dotarse de conocimientos, adaptabilidad y una visión a largo plazo. Al adoptar estrategias de inversión responsable y mantenerse informados sobre las tendencias del mercado, los inversores pueden navegar por el panorama de las altcoins y las ICO con confianza y previsión.

En última instancia, el futuro de las inversiones en altcoins y ICO es muy prometedor para quienes abordan esta industria transformadora con prudencia, diligencia y compromiso con prácticas de inversión responsables. A medida que evoluciona el panorama financiero global, las altcoins y las ICO están preparadas para desempeñar un papel vital en la configuración del futuro de las finanzas, ofreciendo una idea del potencial de un ecosistema financiero descentralizado e inclusivo.

Gracias por comprar y leer/escuchar nuestro libro. Si encontraste útil este libro, te agradeceríamos que te tomes unos minutos para dejar una reseña en la plataforma donde adquiriste nuestro libro. Tu opinión es de gran importancia para nosotros.

www.ingramcontent.com/pod-product-compliance
Lightning Source LLC
LaVergne TN
LVHW010943051026
849532LV00003B/1119
* 9 7 9 8 8 6 9 3 0 9 4 6 4 *